O guia da mulher ousada para uma vida espetacular

NATASHA KOGAN

O guia da mulher ousada para uma vida espetacular

30 dicas audaciosas para uma vida mais plena e atrevida

Tradução
Adriana Rieche

CIP-BRASIL. CATALOGAÇÃO-NA-FONTE
SINDICATO NACIONAL DOS EDITORES DE LIVROS, RJ.

K84g   Kogan, Natasha
O guia da mulher ousada para uma vida espetacular: 30 dicas audaciosas para uma vida mais plena e atrevida / Natasha Kogan ; tradução de Adriana Rieche. – Rio de Janeiro: BestSeller, 2008.

Tradução de: The daring female's guide to ecstatic living
ISBN 978-85-7684-161-6

1. Mulheres – Psicologia. 2. Comportamento de risco (Psicologia). 3. Auto-realização em mulheres. I. Título.

08-3388

CDD: 646.70082
CDU: 646.7-055.2

Título original norte-americano
THE DARING FEMALE'S GUIDE TO ECSTATIC LIVING
Copyright © 2006 by Natasha Kogan
Copyright da tradução © 2007 by Editora Best Seller Ltda.

Capa: Folio Desing
Diagramação: ô de casa

Todos os direitos reservados. Proibida a reprodução, no todo ou em parte, sem autorização prévia por escrito da editora, sejam quais forem os meios empregados.

Direitos exclusivos de publicação em língua portuguesa para o Brasil adquiridos pela EDITORA BEST SELLER LTDA.
Rua Argentina, 171, parte, São Cristóvão
Rio de Janeiro, RJ – 20921-380
que se reserva a propriedade literária desta tradução

Impresso no Brasil

ISBN 978-85-7684-161-6

PEDIDOS PELO REEMBOLSO POSTAL
Caixa Postal 23.052
Rio de Janeiro, RJ – 20922-970

Para meus pais, que assumiram o maior desafio de suas vidas para que eu pudesse viver em um lugar que me desse liberdade de escolher meu próprio caminho. Vocês são meus heróis.

Agradecimentos

Quando tinha 3 anos de idade, decidi aprender a amarrar os sapatos. Esse foi o primeiro da série de passos que achei que eram necessários para que eu ficasse totalmente independente de meus pais (pode rir, tudo bem). Eu nem queria que eles me ensinassem a fazê-lo. Sentei-me em um pequeno banco no corredor, calcei meus sapatos e, durante as várias horas que se seguiram, tentei descobrir como fazer os laços e amarrá-los. Meus pais gostam de contar essa história para ilustrar como meu gene da independência (que eles chamam erroneamente de gene da teimosia) agia naquela época assim como hoje.

Seria difícil para mim negar que sou ao mesmo tempo teimosa e independente, mas trabalhar neste livro me fez perceber mais do que nunca que qualquer sucesso ou conquista na vida simplesmente não é possível sem a ajuda, o envolvimento e o esforço de muitas outras pessoas além de mim. E a todas as pessoas que tornaram realidade meu tão sonhado projeto de virar escritora com uma obra publicada, sou eternamente grata.

Agradeço especialmente a minha agente, Cathy Fowler, por se arriscar com uma autora desconhecida. Agradeço também a incrível, enérgica e maravilhosamente empenhada equipe da Hyperion – e especialmente minha editora, Kiera Hepford – por ter acreditado neste livro e em mim. As dezenas de Mulheres Ousadas que entrevistei e conheci ao longo deste trabalho – eu não teria conseguido escrever o livro sem vocês e suas histórias inspiradoras.

Meu agradecimento aos meus pais poderia ocupar muito mais páginas, mas, nesta oportunidade, eu quero agradecê-los por duas coisas: por me trazerem para um país em que posso ter sonhos ousados e trabalhar feito louca para torná-los realidade e por nunca se cansarem de ouvir minhas intermináveis idéias, instruções e projetos criativos.

Quando digo que este livro não teria saído sem meu marido, Avi, esta é a mais pura verdade. Ele estava ao meu lado quando tive a idéia e me estimulou a ignorar a pilha de cartas de rejeição que recebi de conversas anteriores com agentes e editoras. Foi meu porto seguro enquanto trabalhava no livro, a voz que me encorajou e me fez ir adiante nos muitos e muitos dias em que achei que não conseguiria terminar. Devo esse livro a você, Avi. Amo você.

Também devo agradecer a minha filha, Mia, que nasceu enquanto eu escrevia o livro – seu sorriso e até mesmo seu chorinho (ah, e houve muitos!) foram meu elo com a realidade e com o fato de que o mais importante em minha vida era não ter nada a escrever de vez em quando. Obrigada, minha menina, e obrigada por tirar aquelas poucas sonecas de meia hora para que eu pudesse trabalhar no livro.

Sumário

Introdução (ou Por que escrevi este livro)   13
Que venham os desafios (ou Como usar este livro)   21

HÁBITOS OUSADOS DIÁRIOS

Ouse descobrir o que a torna feliz e faça isso
   pelo menos dez minutos por dia   27
Ouse aprender algo novo todos os dias   32
Ouse fazer hoje o que não pode deixar para depois   38
Ouse olhar para a frente mais do que olha para trás   43
Ouse conter a frustração com ação   49

SONHE GRANDE, ALMEJE SEMPRE O TOPO

Ouse ter uma Lista de Desejos na Vida
   e realize um por ano   59
Ouse correr atrás de suas paixões   65
Ouse dar um grande passo, mas aprenda a recuar   72
Ouse imitar pessoas que a inspiram   79
Ouse ser a pessoa dos seus sonhos   85

LIBERTE A MULHER OUSADA QUE EXISTE EM VOCÊ

Ouse amar suas esquisitices e imperfeições   97
Ouse aprender a fazer algo excepcionalmente bem
   e exiba-se   102
Ouse ser mais criativa   107

Ouse *não* se rotular 113
Ouse tomar partido, mas esteja pronta para mudar
de opinião 119

NÃO TENHA MEDO

Ouse ignorar os pessimistas 131
Ouse fazer desvios em seu caminho 136
Ouse assumir riscos, se for capaz de conviver com a
pior das hipóteses 143
Ouse se divertir com a hipótese mais impressionante 149
Ouse se desintimidar 153

ESSA É A SUA VIDA OUSADA

Ouse fazer de vez em quando algo em que você acha
que não é boa 163
Ouse organizar sua vida (pelo menos) uma vez por ano 167
Ouse primeiro embarcar no trem para depois perguntar
o seu destino 172
Ouse viver o momento, sem contá-lo 178
Ouse dedicar seis semanas por ano para formar
um novo hábito (ou eliminar um que você não suporta) 183

RIA UM POUCO, VIVA MUITO

Ouse desfrutar de quantidades industriais de alegria 193
Ouse rir de si mesma 198
Ouse colorir fora das linhas 203
Ouse simplesmente ficar de bom humor 208
Ouse compartilhar suas vibrações especiais com
o mundo 213

Epílogo (ou Pratique o que você prega) 219
Círculos ousados 221

Mulher Ousada: Uma mulher audaciosa, apaixonada e com força de vontade que não tem medo de assumir riscos, correr atrás de seus sonhos, explorar novas experiências, expressar sua criatividade, testar seus próprios limites e dizer o que pensa (Ah, e ela não se importa nem um pouquinho de passar vexame uma vez ou outra e rir muito disso depois!)

Introdução
(ou Por que escrevi este livro)

Há alguns anos, fundei uma editora com meu marido. Éramos jovens, não sabíamos absolutamente nada sobre o mercado editorial e não tínhamos rios (nem mesmo montinhos) de dinheiro para começar o negócio. Mas tivemos uma idéia para uma série de livros, tínhamos um amor obsessivo por literatura e muita ingenuidade, por isso fomos em frente. No esforço para colocar nossa pequena editora de pé, um amigo me perguntou se eu estava com medo de perder as economias de nossas vidas em uma editora iniciante, que enfrentaria a concorrência de gigantes editoriais, trabalhando em um escritório montado em nosso pequeno apartamento de um quarto. De jeito nenhum!

Bem, é claro que eu estava. Estava apavorada, na verdade, com tudo, desde perder nossas economias (a entrada para a casa que queríamos comprar em breve) até não realizar nosso sonho e perder todo o resto. Em um momento de fraqueza, eu cheguei até mesmo a escrever uma lista de prós e contras de fundar uma editora, considerando nossa falta de conhecimento, recursos e o fato de eu ficar intimidada com a estatística de

70 mil livros publicados todos os anos com apenas alguns sucessos de vendas. Havia mais pontos contra do que a favor.

Eu aceitei o desafio mesmo assim – ir atrás do meu sonho de ter a minha própria empresa e superar as dificuldades. (Tive a sorte de contar com um marido cúmplice do crime.) Eu sabia que sempre poderia pensar em centenas de motivos para me fazer desistir por causa das dificuldades. Mas o que eu teria no final das contas se não assumisse esse risco? Uma vida estável e segura cheia de arrependimento, tédio e intermináveis ladainhas do que "poderia/deveria ter sido". Não consigo pensar em nada mais assustador, por isso ousei não me intimidar e mergulhar de cabeça no mundo editorial.

Eu posso escrever um livro inteiro só sobre nossos sucessos editoriais e outro muito maior sobre as nossas batalhas e os erros cometidos, alguns dos quais foram tão ingênuos que hoje viraram motivos de boas risadas. Mas isso é quase irrelevante. O mais importante é que todos os dias eu procuro realizar uma das metas da minha vida – administrar minha própria empresa – e estou me sentindo mais corajosa e mais ousada do que nunca. É um desafio? Sem dúvida. Será que existem dias em que fico exausta e frustrada, e me pergunto por quanto tempo mais poderei agüentar? Com certeza. Será que vale a pena? SIM!

Fundar uma empresa foi uma das coisas mais difíceis que já fiz, mas, sendo muito sincera, eu sou meio viciada em riscos, desafios criativos, desvios no caminho e qualquer outra coisa que torne a vida mais interessante. Quando sinto que estou segura ou que minha vida está fluindo de maneira tranqüila, ouso enfrentar um novo desafio – mudar minha rotina, assumir um novo risco ou simplesmente fazer um novo projeto criativo. Esse primeiro passo – OUSAR – é aquela etapa ultra importante que todas nós precisamos enfrentar para obter mais prazer, realização e entusiasmo em todos os momentos da vida. Para realmente *viver*, precisamos ousar AGIR, ou seja, mudar nossa rotina, assumir riscos, explorar novas idéias e experimentar o maior número possível de facetas da vida. E o que eu mais gosto num desafio é seu caráter surpreendente e inevitável. Como no jogo "Verdade ou Conseqüência", que muitos de nós jogamos na adolescência, não sabemos exatamente qual será o desafio ou como será o seu desfecho, mas não há volta depois que ousamos assumi-lo. E, por fim, alcançar o sucesso ou não em nossos desafios não é o mais importante, porque até mesmo tentativas frustradas nos revigoram, ensinam algo de novo e, acima de tudo, nos fazem sentir como Mulheres Ousadas decididas e corajosas que estão prontas para enfrentar o mundo.

Quando estava pensando em escrever este livro, anotei algumas das minhas conquistas pessoais. Sem exceção, todas elas começavam com um desafio.

DESAFIO 1: Velha demais para perder o sotaque

Quando tinha 14 anos, minha família emigrou da Rússia para os Estados Unidos. Isso sim foi um choque! Durante algum tempo, pensei que nunca encontraria um lugar para mim no novo mundo, mas decidi pelo menos tentar. Meu primeiro objetivo era aprender a falar inglês da melhor maneira possível depois de estudar a língua por alguns anos na Rússia. Eu queria desesperadamente parecer uma adolescente norte-americana comum. Samantha em *Who's the Boss?* era minha ídola (pode rir, se quiser). Todos me diziam que eu começara a falar inglês tarde demais para perder por completo meu sotaque, mas eu não me importava: eu queria tanto conseguir isso que ousei tentar torná-lo realidade. Eu me esforçava para falar somente inglês, o que deixava meus pais malucos, já que eles estavam aprendendo a língua também. Eu passava boa parte do meu tempo livre depois da escola diante da televisão imitando os sons que ouvia, procurava centenas de palavras no dicionário, anotava e praticava aquelas que me davam mais trabalho, muitas vezes passando horas só repetindo as mais difíceis. Dediquei toda a minha energia para tentar aprender inglês como uma verdadeira norte-americana. Foram necessários anos de inúmeros erros embaraçosos, e muitas vezes eu quase desisti. Mas se você me ouvir falar hoje, vai pensar que sou de Nova York – mas sem o sotaque de lá!

DESAFIO 2: Apenas candidatos com MBA, por favor!

Depois de me formar, fui trabalhar em uma grande empresa de consultoria em Nova York. De acordo com vários consultores de carreira, esta empresa não era o destino dos egressos de faculdades de letras, como a Wesleyan. Mas eu queria sentir como era o mundo dos negócios e viver em Nova York, por isso ousei me candidatar e competir com os principais formandos de todo o país. Eu tremia entre uma entrevista e outra e tinha de ir ao banheiro para recuperar o fôlego, mas consegui deixar a ansiedade de lado e, meses depois, me mudei para Nova York e fui contratada.

DESAFIO 3: Abrir mão DESTE emprego?

Vários anos depois, percebi que o que eu realmente queria fazer era trabalhar com empresas pequenas e talvez administrar meu próprio negócio um dia. Fiquei petrificada diante da possibilidade de abrir mão do meu emprego seguro e dos benefícios do conforto de receber um contracheque no fim do mês. Para piorar a situação, meus pais, amigos e colegas de trabalho achavam que eu era completamente insana por largar um emprego tão bom. Mas acordei um dia de manhã e percebi que se eu não saísse naquele momento, talvez nunca tivesse outra oportunidade e a chance de lutar por aquilo que eu realmente queria da vida. Ousei não me sentir intimidada e passei os anos seguintes ajudando pequenas empresas a crescer. Algumas das empresas para as quais eu trabalhei conseguiram vencer, e fazer parte do seu sucesso foi sensacional. Outras não conseguiram e me ensinaram muitas lições dolorosas. Apesar dos altos e baixos, eu estava fazendo o que queria, assumindo riscos e desfrutando a vida ao máximo, e não há nada mais incrível do que isso.

DESAFIO 4: Você não tem condições de abrir uma empresa (no seu apartamento)

O desejo de criar meu próprio produto simplesmente não me abandonava, por isso decidi ir em frente e abri uma editora. Eu não sabia muito bem o que seria necessário para que a empresa funcionasse, quanto tempo, esforço e dinheiro seriam necessários para dar início ao projeto, ou o grau de dificuldade de competir com milhares de títulos publicados por empresas gigantes com milhões de dólares em orçamentos de marketing. Eu me considero uma mulher de sorte por desconhecer muita coisa no começo. Ter consciência das dificuldades poderia ter me desanimado. Eu sabia o suficiente para ficar nervosa, mas continuei mesmo assim. Imaginei que não tentar realizar este sonho seria pior do que tentar e fracassar. Continua sendo uma batalha a cada dia e há momentos em que ela fica mais difícil do que eu poderia esperar. Ainda assim, quando penso nos livros que ganharam vida em nossas mãos e em tudo que criamos absolutamente do zero, sinto que posso fazer praticamente qualquer coisa.

DESAFIO 5: Somente autores experientes são publicados

O que me leva ao meu último desafio: escrever este livro e conseguir publicá-lo. Tentei publicar alguns dos meus escritos antes, colecionando dezenas de cartas de rejeição do tipo "Obrigado, mas não é para nós". A rejeição era brutal e intimidadora. Além do mais, eu lia dezenas de artigos sobre as dificuldades enfrentadas por jovens autores até conseguirem publicar suas obras e outros tantos sobre como era impossível encontrar um agente ou editor. Ouvi histórias de autores que passaram um ano inteiro escrevendo um livro e mais cinco anos tentando encontrar alguém disposto a assumir o risco de publicá-lo. Isso sim é assustador. Mas escrever um livro estava na minha Lista de Desejos há muito tempo, por isso ousei arriscar e dar tudo de mim ao mercado editorial.

Decidi escrever este livro para compartilhar uma idéia simples que aprendi com as minhas próprias experiências:

Para aproveitar a vida ao máximo,
é preciso ousar.

Se você está lendo este livro porque acha que a sua vida não está indo na direção certa ou porque teve um péssimo dia no trabalho, ou acha que precisa de um empurrãozinho para transformar a sua vida, eu desafio você a usar esta obra como um trampolim para se lançar em uma vida mais apaixonada, interessante e divertida. Perceba que você tem uma força incrível – a capacidade de decidir o rumo de sua vida e extrair dela altas doses de bem-estar, realização e alegria.

Mais importante, eu desafio você a ser uma Mulher Ousada e a fazer algo com essa força! Ouse viver com paixão e gosto, e encontre a coragem para buscar aquilo que realmente importa para você – hoje, agora mesmo, já. Quer seja superar um grande desafio, assumir um risco, tentar algo completamente novo ou simplesmente tornar cada dia mais agradável e gratificante, o primeiro passo é ousar – desafiar a si mesma. Esta é a sua vida e ninguém mais pode dar esse passo por você – por isso, vá fundo, encontre a Mulher Ousada que existe em você e siga em frente! Que tal?

Obrigada por dar uma chance a este livro,

Natasha
Uma Mulher Ousada

Que venham os desafios
(ou Como usar este livro)

Eu não concebi este livro como um roteiro detalhado a ser seguido para você encontrar a Mulher Ousada dentro de si. Se teve o impulso de escolher esta obra e folheá-la, então a Mulher Ousada já existe em você, e uma Mulher Ousada é forte e voluntariosa demais para seguir um plano criado por outra pessoa. Assim, em vez disso, use este livro como um recurso cheio de idéias, reflexões e inspirações para se tornar a sua própria versão de uma Mulher Ousada. Dê uma olhada no sumário e escolha um desafio que lhe agrade. Leia o livro de trás para frente. Se precisar injetar mais alegria e diversão em sua vida, leia primeiro os desafios da seção "Ria um pouco, viva muito"; se estiver enfrentando uma dificuldade na vida, confira a seção de desafios intitulada "Não tenha medo".

A maneira como você vai ler o livro não importa. Peço apenas o seguinte: assuma pelo menos um dos desafios propostos. Você só terá idéia de como a sensação é maravilhosa quando tentar, e espero que, durante a leitura, você encontre motivos suficientes para fazer isso.

**Cinco tarefas antes de começar a procurar
pela Mulher Ousada em você**

1. Dê a si mesma uma chance de mudar.
2. Lembre-se de que estar errada pode ser uma sensação maravilhosa.
3. Elimine a perfeccionista que existe em você.
4. Ative sua coragem ao máximo.
5. Esteja preparada para ser surpreendida!

Hábitos
ousados
diários

Talvez você ache que, para ser uma Mulher Ousada, é preciso pular de bungee jumping ou dirigir por aí em um conversível vermelho, ouvindo rock 'n' roll a todo volume. Eu discordo totalmente disso. Ou melhor, se dominar o seu medo de altura ou trocar sua imagem convencional por outra mais divertida e direta for sua meta na vida, vá em frente. Mas uma verdadeira Mulher Ousada não precisa virar sua vida de cabeça para baixo para ousar. Em vez disso, ela impregna cada dia com uma dose saudável de atitude audaciosa, tornando-a presente nas atividades mais mundanas do dia-a-dia. Por isso, não espere um momento especial para praticar as suas habilidades de Mulher Ousada; torne-as parte de sua vida diária. Para começar, a seguir estão alguns hábitos diários da Mulher Ousada para dar mais gosto à sua vida e fornecer as ferramentas para que você siga os desejos do seu coração.

Ouse descobrir o que a torna feliz e faça isso pelo menos dez minutos por dia

A felicidade não é algo que se alcança, mas algo que se pratica.
MARCELENE COX, ESCRITORA

Lembro de um dia especial quando cheguei ao trabalho e não conseguia encontrar a energia ou a motivação para dar conta da minha enorme e crescente lista de afazeres. Eu não detestava meu trabalho – na verdade, em alguns dias, era realmente bastante energizante –, mas seria meio forçado dizer que eu era apaixonada por ele. Neste dia, estava tudo muito, muito pior – eu vira minha caixa de entrada de e-mails e me sentia totalmente incapaz de ler e responder às mensagens.

Eu não podia simplesmente ir embora, nem ficar ali sentada sem fazer nada, por isso decidi dedicar alguns minutos me preparando para enfrentar o dia, fazendo algo que eu sabia que me deixaria feliz: pensar em algumas idéias para um livro que algum dia eu queria escrever. Livros e tudo relacionado à literatura sempre foi uma das minhas paixões obsessivas, aquele tipo especial que sempre me renova e me faz sentir empolgada e pronta para conquistar o mundo. Peguei meu Diário de Idéias Para um Livro (sim, eu realmente tenho um) e passei os poucos minutos seguintes – OK, talvez não tenham sido tão poucos assim – sonhando com conceitos para novos livros. Eu estava no céu. Para minha surpresa, quando fui interrompida por um telefonema, estava muito mais disposta para voltar ao meu mundo rotineiro de modelos financeiros e clientes impacientes.

Ouse descobrir o que a torna feliz e faça isso pelo menos dez minutos por dia! Não, isso não vai resolver todos os seus problemas, nem trazer a felicidade eterna ou a paz mundial. Mas com certeza tornará os seus dias mais positivos, inspirará você a lembrar o que a torna feliz e lhe dará aquela injeção de energia tão necessária. Nossas vidas são repletas de tantos "Eu devo/Eu preciso/Eu tenho" que às vezes esquecemos de dedicar algum tempo às coisas que realmente gostamos de fazer. Eu desafio você a lembrar o que são essas coisas e a encontrar tempo para apreciá-las.

E nem pense em usar a desculpa "Estou muito ocupada!". A maioria das pessoas leva uma vida agitada, e talvez você pense que não consegue tirar dez minutos do seu dia para gastar fazendo algo que gosta.

Só que esses dez minutos estão aí em algum lugar; com um pouco mais de organização, você vai conseguir encontrá-los e provavelmente serão mais do que apenas dez minutos. Envie um e-mail a menos, passe menos tempo ao telefone, acorde dez minutos mais cedo, faça o que for preciso para encontrar o tempo para aproveitar uma pequena parte do seu dia. Se mantiver uma lista diária de tarefas, escreva "Meus Dez Minutos" nela e pense neles como qualquer outra tarefa ou atividade da lista. Tenho uma amiga que é aspirante a escritora que também trabalha em horário integral e está escrevendo sua tese de mestrado. Desnecessário dizer que a vida dela é absolutamente lotada de afazeres, mas ela me envia mensagens freqüentes com poemas ou contos seus que consegue escrever durante os momentos de lazer.

Realmente não importa o que você decida fazer com os seus momentos de êxtase, desde que seja algo que você realmente ame e aprecie. Faça malabarismo, medite numa posição de ioga, escreva poesia, leia um livro de seu autor favorito, trabalhe na casinha de pássaros que você projetou, cuide do jardim, faça bijuterias, caminhe, corra, nade ou ande de bicicleta, qualquer coisa, desde que isso a deixe realmente feliz! Esses são os seus dez minutos para fazer o que realmente gosta em vez do que deve, precisa ou tem que fazer. Use bem esses minutos e logo descobrirá que, a cada dia que passa, você estará usando muito mais do que dez minutos por dia fazendo algo que realmente a torna feliz. A idéia de escrever este livro nasceu durante os meus poucos minutos dedicados ao meu Diário de Idéias Para um Livro e, inúmeras horas depois, eu posso riscar este item da minha Lista de Desejos e dizer que sou uma escritora.

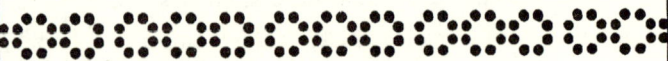

IDÉIAS DA MULHER OUSADA
PARA MOMENTOS ESPETACULARES

- Leia seu livro favorito.
- Pinte paredes ou quadros.
- Ligue para sua melhor amiga.
- Faça uma caminhada.
- Plante bananeira.
- Toque um instrumento.
- Dance pela casa.
- Faça cartões caseiros.
- Visite um museu.
- Cante as canções do seu CD favorito.
- Assista a uma parte do seu filme favorito.
- Organize a sua vida.
- Faça bijuterias estilosas.
- Prepare sua receita favorita.
- Organize um álbum de fotos.
- Brinque de cabra-cega com seus filhos.
- Pratique esportes.
- Escreva alguns trechos do seu livro.
- Leia o jornal de domingo da primeira à última página.
- Escreva uma carta a um(a) amigo(a).
- Medite.
- Tome um banho de espuma.
- Fique um momento em silêncio.
- Passe algum tempo com quem você ama.
- Redecore a sua casa.
- Tome um chocolate quente perfeito.

ACEITE O DESAFIO

Anote algumas coisas que a tornam feliz e ouse gastar pelo menos dez minutos por dia fazendo uma delas.

_____
_____
_____
_____
_____
_____

Ouse aprender algo novo todos os dias

*A excitação de aprender separa você da velhice.
Enquanto aprendemos, não envelhecemos.*

ROSALYN YALOW, MÉDICA NORTE-AMERICANA

Durante boa parte de nossas vidas, quando estamos na escola ou na faculdade, nossa única responsabilidade é aprender. Seja para resolver problemas de matemática, ler livros de história, escrever longas redações ou ensaios, ou aprender a pintar, passamos anos vivendo uma vida maravilhosa sem fazer nada além de adquirir conhecimento e aprender novas habilidades. Em seguida, vem a vida real e, para a maioria de nós, a vida diária se transforma em uma série de rotinas, que normalmente deixam pouquíssimo tempo e energia para aprender coisas novas. Claro, estamos aprendendo o tempo todo, interagindo com outras pessoas; trabalhando; lendo jornais, revistas e livros; assistindo à tevê; e simplesmente sendo absorvidos pelo que acontece no mundo em nossa volta. Mas quando foi a última vez que você aprendeu algo completamente novo e desconhecido, algo que realmente a interessasse e a deixasse curiosa?

Ouse aprender algo novo todos os dias! Aprender novas técnicas e novas idéias nos mantêm vivas, energizadas e em constante crescimento, tornando a vida muito mais divertida e interessante. Além de aumentar nossa curiosidade, o que, por si só, já é um ótimo motivo, o aprendizado constante oferece novas oportunidades e caminhos que talvez nunca considerássemos de outro modo. Você talvez jamais tenha pensado em abrir o seu próprio negócio, mas, de repente, lê um artigo sobre as novas tendências de vestuário para adolescentes e tem a idéia de criar sua própria confecção. Talvez você se inscreva em um curso de culinária para aprender a fazer mais do que torradas e macarrão, apaixone-se pela arte de cozinhar e se torne uma verdadeira *chef de cuisine*. Você nunca sabe onde a vida vai levá-la, mas quanto mais aprender, maiores serão as oportunidades que se abrirão.

Inúmeros estudos demonstram que manter o cérebro funcionando e aprendendo novas habilidades nos rejuvenesce, adiando o aparecimento de doenças. Recentemente, li um artigo sobre um estudo publicado no *The New England Journal of Medicine* demonstrando que participar de atividades que estimulam a mente – como aprender um idioma estrangeiro ou ler poesia – ajuda a prevenir ou minimizar a perda de memória muitas vezes associada com o envelhecimento. Para mim, esse é um bônus muito interessante. Toda vez que aprendemos, rejuvenescemos e acrescentamos outra dimensão à nossa vida. E este é o motivo mais maravilhoso e sincero de ousar sempre aprender algo novo. Não se preocupe com o benefício que sua vida terá com aquela atividade: fazer cerâmica pode ser um hábito inusitado para uma investidora, mas acho que isso torna você uma investidora muito legal. Se algo lhe interessa, aprenda sobre o assunto, invista tempo nisso e dê um colorido à sua vida com o que aprender. É impossível prever como as coisas que aprendemos poderão afetar a nossa vida, e as surpresas são uma parte significativa da alegria de aprender.

Há alguns anos, decidi desenvolver minha veia artística pintando. Quando morei no Japão nos meus anos de faculdade, fiquei viciada em um tipo de pintura com tinta japonesa chamada *Sumi-e*. Desta vez, eu queria tentar algo diferente, mas não tinha tempo para fazer um curso, por isso entrei em uma loja de arte e decidi simplesmente procurar. A loja estava liquidando tintas acrílicas e à base de gel; considerei que era um sinal para que eu tentasse a pintura abstrata. Comprei alguns suprimentos e, no caminho de casa, procurei um tema para pintar. Eu moro na cidade de Nova York, onde não é difícil encontrar inspiração. Um camelô a alguns quarteirões do meu apartamento estava vendendo quadros enormes pintados com padrões muito legais. Ele usou aquarela, mas ver as pinturas me deu a idéia de tentar usar o mesmo estilo de pintura em 3-D, utilizando meus recém-adquiridos géis. Voltei para casa e arregacei as mangas. Duas dúzias de tentativas depois, finalmente consegui descobrir como fazer o gel grudar no papel sem escorrer até o chão. Para minha surpresa, eu até que gostei de algumas telas estilosas que pintei. Não sou Picasso, mas naquele dia eu descobri um dos passatempos mais relaxantes que já tive oportunidade de experimentar.

Algo realmente divertido de fazer uma vez por ano é anotar tudo que você aprendeu. (Você pode escolher o dia do seu aniversário ou uma data perto do Ano-Novo.) Pegue o seu diário ou um caderno e anote tudo o que aprendeu naquele ano: novas habilidades adquiridas, idéias interessantes, fatos memoráveis publicados, novas qualidades identificadas em si mesma ou nas pessoas à sua volta. Pensar sobre o que você aprendeu pode ser extremamente reconfortante e fazer você perceber que está sempre crescendo e mudando.

A vida é curta, a maior parte de nós não tem muito tempo livre e há sempre mais tarefas nas nossas listas de obrigações do que temos condições de cumprir. Mas encontrar alguns minutos todos os dias para aprender algo de novo é como comer, dormir ou respirar. Se você quiser realmente VIVER, terá de fazê-lo. E lembre-se de que aprender não é apenas uma atividade ocasional, mas uma forma de vida, uma atitude de Mulher Ousada que mantém seus olhos, ouvidos, cérebro e coração abertos para o maior número possível de novas experiências e idéias.

SUGESTÕES DE FORMAS DE APRENDIZAGEM PARA A MULHER OUSADA

- Leia diariamente um artigo de revista ou jornal das seções que você normalmente pula.
- Inscreva-se em um curso para aprender sobre algo completamente fora de sua rotina diária, como escrever, fabricar vidro, tocar guitarra espanhola, culinária ou sapateado.
- Aprenda uma habilidade que sempre desejou dominar, como falar outro idioma ou desenhar.
- Leia um livro sobre um assunto que lhe é desconhecido – que tal política, *feng shui*, fotografia ou a história da fita adesiva?
- Inscreva-se em um serviço diário de aprendizagem por e-mail. Por exemplo, visite www.wordsmith.org, onde você pode se cadastrar para receber mensagens diárias com uma nova palavra e sua definição.
- Compre uma dessas revistas com desafios e jogos e dedique alguns minutos para resolver alguns.
- Peça a uma amiga para levar você para o seu grupo de costura/ escrita criativa/fãs de cinema/pintura.
- Compre um livro de receitas e prepare pratos que você nunca tentou antes.
- Pegue um caminho diferente para casa e descubra novos lugares desconhecidos no trajeto.

ACEITE O DESAFIO

Aproveite alguns minutos agora e anote algumas coisas/idéias/habilidades que você gostaria de aprender e, mais importante do que isso, ouse escolher uma delas e comece a aprender hoje mesmo!

_____
_____
_____
_____
_____
_____

Ouse fazer hoje
o que não pode deixar para depois

OUSADIÔMETRO

Ousado   Ultra-Ousado   Ultra-Ousado e Audacioso

Atrasos geram medo.
JESSAMYN WEST, ROMANCISTA NORTE-AMERICANA

Quantas vezes você já se deparou com um item na sua lista de tarefas, especialmente se é algo que não lhe empolga muito, e pensou, "Ah, isso fica para depois"? Aposto que todas fazemos isso com mais freqüência do que imaginamos, nos armando de ótimas desculpas, como estar cansada demais, ocupada demais ou centrada demais em outra coisa. Mas por melhor que seja a desculpa, não consegue resolver o problema mais importante, que é tirar o item da lista de tarefas. E, enquanto estiver lá, quer esteja anotado em algum lugar ou simplesmente na sua cabeça, é um ônus, um incômodo, algo que suga energia que poderia estar sendo usada para fazer as coisas de que você realmente gosta.

Ouse fazer hoje o que não pode deixar para depois! Seja um buldogue quando se trata da sua lista de tarefas; ataque-a como se não houvesse mais nada em vista. Ao realizar cada tarefa da lista, você se sentirá produtiva e com pleno controle sobre a sua vida. Você limpará sua mente e será capaz de pensar sobre aspectos mais importantes e divertidos do que arrumar seus armários ou marcar consultas dentárias (onde sabe que terá que ouvir uma longa e desagradável preleção sobre os cuidados bucais necessários). Se comprometa a fazer algo da lista agora e a seguir com sua vida, caso tenha meios, independentemente do grau de dificuldade da tarefa, em vez de adiar para o dia, a semana ou o mês seguinte.

É evidente que, às vezes, talvez seja realmente necessário adiar algo porque a sua lista de tarefas é tão longa que nem mesmo uma super Mulher Ousada conseguiria dar conta do recado. É aí que o negócio fica realmente feio e depois de ter muitos dias desagradáveis, eu hoje tento ser mais seletiva na hora de escolher o que entra ou não na minha lista de tarefas. Eu gosto de anotar tudo, por isso todas as manhãs antes de tomar o café-da-manhã ou de ligar o computador, eu escrevo as minhas tarefas relacionadas ao trabalho e à vida pessoal para aquele dia. Enquanto escrevo, penso sobre quanto tempo terei para dedicar a cada tarefa e, caso ache que não vou conseguir cumpri-la, não a incluo na lista. Adoro riscar os itens da lista; tenho uma reconfortante sensação de dever cumprido e satisfação quando o faço. Por outro lado, se só consigo riscar metade dos itens da minha lista, me sinto improdutiva e sobrecarregada, duas emoções que toda Mulher Ousada deve combater com todas as suas forças. Ainda existem muitas vezes em que deixo tarefas inacabadas na lista, mas estou aprimorando minha técnica de organização do tempo e percebendo que muitos dias ainda insistem em ter apenas 24 horas.

Você talvez esteja imaginando por que isso é tão importante; se você é do tipo que consegue deixar as coisas para depois, tudo bem. E, quando se trata de marcar uma consulta com o dentista, desde que você não adie a visita por anos a fio, provavelmente não tem problema algum. Mas acho que a nossa maneira de lidar com os problemas diários é muito semelhante à nossa forma de viver: se você costuma adiar pequenas obrigações da sua lista diária de tarefas, provavelmente também adiará algo importante na vida. Ficar em forma, mudar-se para uma cidade onde você sempre desejou morar, começar a escrever a próxima grande obra de ficção, mudar de carreira – adiar mudanças de vida tão radicais quanto essas tem um impacto muito maior na sua vida do que esquecer de pegar a roupa na lavanderia na hora certa. Evidentemente, às vezes, é preciso adiar algumas coisas na vida porque você está buscando outra meta. Se acabou de comprar uma casa para a qual estava economizando durante anos e precisa de uma fonte segura de renda, então uma nova aventura profissional provavelmente terá de esperar. Mas se está atrasando a tomada de importantes decisões em sua vida porque está com medo ou é avessa ao risco, ou porque talvez ache que haverá um momento ideal para isso mais tarde, é possível que esteja perdendo a oportunidade de tornar a sua vida mais gratificante.

É muito difícil encontrar o momento perfeito para fazer uma mudança radical, e a vida tem maneiras bem ruins de nos fazer tomar essa decisão de forma muito mais rápida do que o esperado. É preciso lembrar dos itens da sua lista de tarefas e sempre procurar uma oportunidade de realizar algo para riscá-los da lista. Se você decidir esperar e não fizer a mudança hoje, como poderá saber se vai fazê-la amanhã ou daqui a um ano?

Ouse fazer agora o que pode deixar para depois. Por exemplo, se não gosta do seu emprego, comece a fazer algo a respeito. Pense sobre mudar de emprego e conferir outras oportunidades no seu campo de atuação. Ou considere ficar onde está, mas mudando suas responsabilidades; prepare uma proposta para discutir com o seu chefe. Vá à livraria e compre um livro de assessoria profissional ou ligue para um mentor para obter orientação. Qualquer que seja a sua decisão, não fique esperando que tudo mude por conta própria ou que, por milagre, no prazo de um mês você estará em melhor posição para decidir. Faça algo hoje, tome uma atitude concreta e sinta-se uma Mulher Ousada poderosa e produtiva com total controle sobre sua vida. É claro que não há garantias de que todos os passos tomados serão na direção certa, mas há um enorme valor em saber que pelo menos você não está parada.

IDÉIAS DA MULHER OUSADA
"FAÇA ISSO AGORA. MESMO SE PUDER FAZER MAIS TARDE"

- Marque a consulta que você vem adiando.
- Redecore um cômodo da sua casa que não a agrada.
- Entre em forma.
- Descubra o que você realmente deseja da vida e comece a implementar o plano.
- Mude de emprego.
- Peça uma promoção ou um aumento.
- Convide aquele cara com quem você está flertando há um ano para sair.
- Termine uma relação que não tem futuro.
- Tire as férias de seus sonhos.
- Comece a escrever a próxima grande obra de ficção.
- Crie um plano para abrir uma empresa.
- Faça as contas e elabore um plano financeiro para o futuro.

ACEITE O DESAFIO

Anote algumas tarefas que você vem adiando há algum tempo e, a partir desta semana, ouse resolver pelo menos uma delas.

_____
_____
_____
_____
_____
_____

Ouse olhar para a frente mais do que olha para trás

OUSADIÔMETRO

Ousado — Ultra-Ousado — Ultra-Ousado e Audacioso

*Os erros são o preço que pagamos
por viver a vida intensamente.*

SOPHIA LOREN, ATRIZ ITALIANA

Vários anos atrás, eu larguei um emprego seguro e bem pago em uma prestigiada firma de consultoria para trabalhar para uma pequena empresa nova no ramo e com um futuro incerto. Meu desejo de arregaçar as mangas e ajudar uma pequena equipe a administrar a empresa foi forte demais para resistir. Sem muita pesquisa ou ponderação sobre minha arriscada decisão, fui em frente.

Esta história em especial não tem um final feliz. Eu não aprendi muita coisa, não ganhei muito dinheiro, nem encontrei o mentor da minha vida. A empresa onde escolhi trabalhar acabou sendo extremamente disfuncional e estourou junto com a bolha das empresas pontocom poucos meses depois do meu primeiro dia de trabalho. Menos de um ano depois da decisão, eu tive de abandonar o barco.

Fiquei arrasada, e não apenas porque fiquei sem emprego em um mercado de trabalho disputado, ou porque sair antes de completar dois anos de empresa significava abrir mão de vários benefícios e bonificações. Fiquei arrasada, principalmente porque, olhando para trás, senti que tinha tomado a decisão de mudar de emprego de forma precipitada, sem pensar muito. Eu me senti muito estúpida e fiquei me culpando por ter deixado a impulsividade tomar conta de mim.

Por fim, consegui um emprego que me colocou em um plano de carreira mais criativo e interessante. Consegui parar com as lamentações e a autopiedade. Tinha de ser sincera sobre o erro cometido para garantir que não o repetiria. Eu *não* consigo não ser impulsiva – esta é uma parte significativa de ser uma Mulher Ousada excêntrica e apaixonada pela vida –, só que agora tenho uma regra que tento seguir sempre que estou prestes a fazer uma mudança radical. É simples, mas funciona: eu me imponho um período de espera. Isso significa que não tenho permissão de tomar decisão alguma em menos de uma semana, mesmo que eu esteja absolutamente certa de que sei o que quero fazer. Eu não fico repensando a minha decisão nem me criticando. O período de espera é mais uma chance para recuperar o fôlego e garantir que ainda tenho o mesmo sentimento sobre a mudança. Se, ao final da semana, essa sensação ainda estiver presente, continuo em frente e não olho mais para trás. Talvez uma semana não pareça muito tempo, mas, confie em mim, para uma pessoa impulsiva como eu, é sinônimo de uma eternidade.

Ouse olhar para a frente mais do que olha para trás! Todas cometemos erros e lamentamos por isso. Errar é humano e faz parte da vida. Mas pude verificar que, quando percebemos que tomamos a decisão errada ou que fizemos uma escolha ruim, torna-se muito fácil para nós simplesmente ficarmos presas à variedade de lamentações do tipo "eu deveria" ter feito algo a respeito. Isso funciona por um curto período, quando esses sentimentos ainda estão muito vivos, mas continuar a lamentar o que fizemos na vida é improdutivo e pode levá-la a se sentir ainda pior. Por isso, embora não seja possível evitar as lamentações como um todo, existe a possibilidade de transformá-las em lições para ajudar você a tomar decisões melhores no futuro.

Tente o seguinte: da próxima vez que perceber que cometeu um erro ou que tomou uma decisão errada e a sua mente começar a ficar repleta de pensamentos do tipo "eu deveria ter feito isso ou aquilo", pegue um pedaço de papel e anote alguns deles em uma coluna. Em seguida, use o Transformador da Mulher Ousada e transforme cada lamentação em uma dica prática que poderá ser usada no futuro para evitar que você cometa o mesmo erro. Digamos que você perdeu a paciência com seu marido/namorado/companheiro por chegar atrasado antes de descobrir que ele realmente tinha um daqueles raros motivos para se atrasar (e eles são extremamente raros!). A sua cabeça fica cheia de pensamentos de culpa: "Eu devia tê-lo deixado explicar porque ele não apareceu na hora marcada em vez de partir para cima dele com quatro pedras na mão". Aqui está uma oportunidade perfeita para usar o poder da Mulher Ousada e transformar esses pensamentos em algo mais produtivo, como "Da próxima vez que ficar zangada com alguém, vou dar uma chance para a pessoa explicar suas atitudes antes de começar a gritar." Depois de transformar suas lamentações em um plano de ação para o futuro, dedique algum tempo para absorvê-lo. É preciso garantir que, da próxima vez que surgir uma situação semelhante, você não irá entrar no território da culpa.

Uma Mulher Ousada digna de nota é Betty Deitch. Eu a conheci fazendo a pesquisa para este livro. Durante a ascensão e queda das empresas pontocom, Betty e o marido perderam muito dinheiro no mercado de ações. Tenho certeza de que ficaram extremamente aborrecidos e zangados consigo mesmos e com o mercado por abocanhar uma parte significativa de suas economias. E tenho certeza de que a coisa mais fácil para Betty era se perder em lamentações sobre os motivos que a levaram a investir, não ter tirado o dinheiro a tempo, não ter contratado o corretor certo, não ter demitido logo o corretor ruim e assim por diante. Em vez disso, Betty e o marido inventaram, projetaram e começaram a comercializar um jogo de tabuleiro chamado *Wall Street Spin*, um divertido jogo que permite que as pessoas experimentem investir no mercado de ações sem assumir risco algum. Ao criar o jogo, Betty esperava que ele pudesse incutir algum ânimo em muitos dos que perderam alguns dólares ou uma fortuna no mercado de ações.

Acho que é uma forma incrível de assumir o desafio de olhar para frente com mais freqüência do que lamentar o que passou. Desafio você a fazer o mesmo na sua vida na próxima oportunidade que tiver. Hoje parece o momento perfeito para começar, não acha?

TRANSFORMADOR DA MULHER OUSADA

"EU DEVERIA/PODERIA TER FEITO ALGO"	"SEREI/CONSEGUIREI/ FAREI ALGO"
Eu deveria ter pedido ao meu chefe para estruturar a apresentação em vez de não seguir orientação alguma.	No futuro, não ficarei com medo de pedir ajuda e considerarei isso como sinal de meu profissionalismo em vez de um ponto de fraqueza.
Eu teria conseguido crédito pelo sucesso do projeto se tivesse dado minha opinião na reunião, em vez de ficar quieta o tempo todo.	No futuro, quando tiver algo a dizer, vou falar o que penso em vez de ficar com medo de me destacar.
Se eu tivesse sido mais honesta sobre o que gostava de fazer em vez de tentar dizer o que eu achava que ele queria ouvir, talvez tivéssemos conseguido ir adiante.	No futuro, vou ser sincera e autêntica, em vez de tentar agradar outras pessoas dizendo o que elas querem ouvir.
Eu não deveria ter comido aquele pedaço extra do bolo e desistido da dieta saudável que adotei nos últimos meses.	No futuro, não vou deixar uma fraqueza arruinar meus esforços de ser saudável. Vou simplesmente esquecer e voltar à minha rotina.

ACEITE O DESAFIO

Anote alguns arrependimentos que assombram você. Depois, pare de olhar para o passado e ouse transformar cada arrependimento em uma lição útil para o futuro, usando o Transformador da Mulher Ousada.

_____
_____
_____
_____
_____
_____

Ouse conter a frustração com ação

OUSADIÔMETRO

Ousado Ultra-Ousado Ultra-Ousado e Audacioso

É melhor se desgastar do que enferrujar.
FRANCES WILLARD,
EDUCADOR E REFORMISTA NORTE-AMERICANO

Não sei por que, mas acho a frustração extremamente extenuante e cansativa. Seja a ligada à minha vida profissional, à família ou aos meus escritos, acho que é insuportável e, ao primeiro sinal dela, fujo o mais rapidamente possível. Eu não começo a correr literalmente (embora algumas pessoas talvez achem isso útil), mas coloco o meu plano de batalha contra a frustração em ação. E qual é esse plano? É tão simples que talvez pareça engraçado: ao primeiro sinal de frustração, eu paro e imediatamente faço algo para mudar o que quer que esteja incomodando. Digamos que eu me olhe no espelho e veja que ele não consegue mais esconder os efeitos dos últimos meses, quando esqueci de encontrar tempo para me exercitar ou fui preguiçosa demais para isso. Ao sentir a frustração tomando conta de mim, eu me afasto do espelho e, a menos que realmente não exista outra opção, começo a me exercitar imediatamente. Se estou em casa, corro para a academia. Se estou no trabalho, saio para caminhar por vinte minutos. Se não consigo sair naquele mesmo instante, fazer algum tipo de exercício é a primeira coisa que faço quando tenho um minuto livre.

A parte mais importante do meu plano básico contra a frustração é agir, fazer algo de forma concreta e específica assim que começar a me sentir frustrada. Algumas pessoas me aconselharam a dar um tempo em relação à fonte de frustração e voltar a ela depois, mas isso não funciona para mim. Simplesmente me afastar do espelho quando não gosto do que vejo não resolve nada. A minha imagem pouco agradável ficará na minha cabeça e, enquanto eu pensar nisso, ela vai me fazer sentir pior. Mas, quando faço alguma coisa a respeito, independentemente do fato óbvio de que uma única ação – ir à academia ou fazer uma caminhada rápida – não vai resolver tudo em um passe de mágica, sinto que estou no controle dos meus sentimentos, em vez de deixá-los me controlar. Se o meu primeiro passo é bom, ele me ajuda a continuar a tomar medidas paliativas contra a frustração (quando vou à academia, me sinto bem, e esse é um grande incentivo para voltar).

Ouse conter a frustração com ação! Qualquer que seja a técnica utilizada até agora, como deitar na cama e se esconder debaixo do cobertor ou comer uma caixa inteira de biscoitos de chocolate recheados, dê um tempo e tente esta aqui. Da próxima vez que começar a se sentir frustrada, pare o que está fazendo, pense a respeito, tome uma medida imediata que a deixe no controle da sua frustração e faça algo para combatê-la. Eis algumas idéias, caso você precise de inspiração:

Frustração	Idéias para ação imediata
Você não consegue avançar em um projeto e por isso tem trabalhado por longas horas durante a noite e tomado muitas xícaras de café em vão, pois não consegue encontrar o melhor enfoque para iniciá-lo.	Convide uma colega inteligente para almoçar e peça conselhos. Se estiver tendo problemas para iniciar o projeto, escolha uma pequena parte dele e trabalhe somente nisso (e não pense sobre como ele se encaixará com o restante do seu trabalho, pelo menos não por enquanto).
Você vem tentando explicar a seu marido/namorado/pessoa querida como se sente sobre determinado problema e parece não chegar a lugar algum.	Mude de ambiente: saia para caminhar e converse sobre o assunto, marque de encontrar a pessoa em vez de falar pelo telefone, considere escrever como você se sente e entregar o bilhete ao seu parceiro. Faça algo criativo, como jogar a sua própria versão de Imagem e Ação, na qual vai desenhar, em vez de tentar explicar com palavras como você se sente e por quê.
Você vem diligentemente economizando dinheiro para comprar uma casa nova ou sair de férias em uma viagem exótica, mas parece não conseguir economizar o suficiente.	Ligue para um consultor financeiro (peça uma indicação a amigos e parentes) e marque uma reunião para discutir suas finanças. Sente-se com uma calculadora e uma folha de papel em branco (ou use uma planilha eletrônica, se entender de computadores) e planeje quanto dinheiro vai precisar. Seja realista e frugal. Talvez se dê conta de que não precisa de tanto quanto imaginava de início.

Frustração	Idéias para ação imediata
Você vem tentando entrar em ótima forma para o verão, mas as inúmeras idas à academia não parecem estar surtindo os resultados esperados.	Contrate um *personal trainer*. Isso custa dinheiro, mas você talvez descubra alguns aspectos que podem ser úteis para tornar seus exercícios mais eficazes. Da próxima vez que for para a academia, mude totalmente a sua rotina. Escolha equipamentos diferentes, freqüente as aulas por um período maior ou menor, e procure uma aula de ginástica que pareça divertida, como pilates ou cardiostriptease (não estou brincando, isso existe mesmo.)

Lembre-se: uma parte essencial de ser uma Mulher Ousada é saber que você tem o poder de fazer o que quiser da sua vida – e de exercer esse poder com desenvoltura e o mais freqüentemente possível. Quando algo na sua vida começar a deixá-la frustrada (ou talvez você já esteja assim há muito tempo e queira parar de se sentir desse modo), use esse poder e entre em ação. Talvez isso ajude a lidar com o que quer que esteja frustrando você. Ou, pelo menos, vai fazer com que você se sinta no controle da sua vida. E quando sente que está no controle, você tem uma chance muito maior de descobrir como acabar de vez com as frustrações. As coisas mudam quando você as muda, por isso, seja verdadeira com a Mulher Ousada que existe em você e transforme a frustração em sentimentos de realização, criatividade e satisfação.

PLANO DE BATALHA DA MULHER OUSADA CONTRA A FRUSTRAÇÃO

Da próxima vez em que você se sentir frustrada, use este miniquestionário para elaborar um plano de batalha e ajudá-la a diminuir o sentimento de fracasso. No entanto, nunca se esqueça do passo mais importante: ouse colocar seu plano de batalha em ação com toda a força do seu poder de Mulher Ousada!

1. O que está me frustrando hoje?
2. Por quê?
3. O que eu fiz antes?
4. Funcionou?
5. O que posso fazer a respeito agora?
6. O que posso fazer a respeito a longo prazo?

ACEITE O DESAFIO

Crie seu próprio plano de batalha antifrustração contra o que quer que esteja enlouquecendo você e tente segui-lo confiante de que conseguirá vencer.

_____
_____
_____
_____
_____
_____

Sonhe grande,
almeje sempre
o topo

Se você descobrir apenas uma qualidade da Mulher Ousada e torná-la parte da sua vida, deixe que esta seja a habilidade capaz de fazer sua imaginação voar alto e se permita ter os sonhos mais loucos. Nada nos limita mais do que as fronteiras que nós mesmas criamos. Não deixe a rotina agitada do dia-a-dia impedir que você pense sobre o futuro, faça planos e tenha sonhos. Ninguém mais pode sonhar por você e ninguém mais pode almejar o topo. Mas deixe o trabalho de duvidar da sua capacidade de realizar sonhos para outra pessoa – não perca energia com isso. Sonhe grande, almeje sempre o topo e acredite que tudo que você imaginar vai se realizar.

Ouse ter uma Lista de Desejos na Vida e realize um por ano

OUSADIÔMETRO

Ousado · Ultra-Ousado · Ultra-Ousado e Audacioso

Para estar vivo é preciso desejar algo.
MARGARET DELAND, ROMANCISTA NORTE-AMERICANA

Há alguns anos, eu trabalhava com uma colega chamada Stephanie. Éramos funcionárias de uma empresa de consultoria em que jornadas de 18 horas de trabalho eram a norma, e se alguém conseguisse tirar o fim de semana de folga, era sortudo. O tempo extra fora do trabalho se resumia a tão poucas horas de sono e parcas refeições que comecei a achar que morava no emprego. E por mais que se goste do trabalho – e eu gostava desse especialmente –, não fazer nada além de trabalhar é sufocante, e pode acabar enlouquecendo qualquer um.

Um dia, entrei na sala de Stephanie para ver se ela queria almoçar comigo. Ela não estava lá, por isso decidi deixar um bilhete no seu quadro de avisos. Pendurado no quadro estava um pedaço de papel com as seguintes palavras escritas no cabeçalho: "Um dia eu desejo...". Decidi bisbilhotar e continuei lendo, logo percebendo que estava diante da Lista de Desejos da vida de Stephanie. "Mergulhar com garrafão, ler um livro inteiro de uma vez só, visitar todos os continentes, trabalhar menos" eram alguns dos itens da lista dela. Essa era a sua forma de escapar dos intermináveis projetos de clientes e reuniões, uma maneira de se lembrar do que ela queria da vida.

Até ler a Lista de Desejos de Stephanie, eu era uma das vítimas que todos os anos preparava uma longa lista de irrealistas resoluções de Ano-Novo. ("Perder 10kg até a semana santa" soa familiar?) Percebi que manter uma Lista de Desejos na Vida era uma idéia muito melhor, por isso fui para casa aquele dia e comecei a minha. Escolhi um novo diário da minha pilha de cadernos – você precisa ter um – e escrevi coisas que eu gostaria de fazer, experimentar e alcançar na vida. Eis alguns itens da minha Lista de Desejos:

- Ser uma escritora com obras publicadas.
- Aprender a nadar direito.
- Passar uma semana em Paris a cada dois anos.
- Aprender a esquiar.
- Ter um ateliê de pintura na minha casa e aprender a pintar.
- Administrar minha própria empresa sem abrir mão da minha vida.

Eu consulto minha Lista de Desejos na Vida com freqüência (só que não nas noites de Ano-Novo), reescrevo e adiciono itens e tento ter certeza de que vou conseguir riscar um item da lista todos os anos. É uma ótima maneira de lembrar dos meus objetivos na vida e de refletir sobre como eu mudo a cada ano. (O que deu em mim para colocar *bungee jumping* na lista?) O tempo que dedico à minha Lista dos Desejos é sempre uma maneira de escapar de um dia ruim ou do baixo-astral.

Ouse ter uma Lista de Desejos na Vida e realize um desejo por ano! Livre-se da insanidade da sua vida diária e pense sobre o que você deseja fazer e experimentar antes de... bem, você sabe o quê. Sonhe grande e não censure seus pensamentos. Por mais excêntrico ou improvável que seja o seu desejo, anote-o. Listas de Desejos na Vida não são sujeitas à avaliação de desempenho. Este é o seu espaço particular para ser sincera, ousada e corajosa sobre o que deseja alcançar na vida. E, se daqui a dez anos, a sua Lista de Desejos parecer tola ou maluca – bem, então, você vai dar boas risadas disso.

Ouse revisitar e reescrever a sua Lista de Desejos com freqüência e use-a para forçar você a aproveitar sua vida ao máximo, tendo certeza de que conseguirá obter aquilo que ama e deseja. Se algo na sua lista parece difícil de alcançar, mas é importante para você, tente ao máximo encontrar uma maneira para torná-lo realidade. Lembre-se, não precisa alcançar o desejo hoje, nem no mês que vem, nem mesmo no ano que vem. A Lista de Desejos é para a vida e, se você se compromete consigo mesma a fazer algo acontecer, não importa quanto tempo vai levar!

Uma das coisas que considero mais desafiadoras sobre a minha Lista de Desejos na Vida é não me sentir completamente derrotada quando só consigo realizar alguns dos desejos em um longo período de tempo. Às vezes, caio na armadilha de pensar que esta é a minha lista de tarefas. Mas depois lembro que uma Lista de Desejos é completamente diferente: não tem um prazo imediato e pode mudar com a mesma freqüência que eu. Algumas coisas que você incluiu na lista no ano passado talvez não sejam tão importantes agora, uma vez que novas metas foram adicionadas. Lembre-se: se tiver realizado apenas alguns desejos da sua lista, talvez seja muito mais do que teria conseguido se não a tivesse criado. Pense nela como um diário de desejos, sonhos e metas para a vida inteira e use-a como fonte de inspiração em vez de mais um elemento de estresse.

**IDÉIAS DA MULHER OUSADA PARA
A LISTA DE DESEJOS NA VIDA**

- Lugares que gostaria de visitar
- Pessoas que gostaria de conhecer
- Idéias que deseja explorar
- Sentimentos que deseja experimentar
- Habilidades que deseja aprender
- Hábitos que deseja eliminar
- Hábitos que deseja adquirir
- Aventuras que gostaria de viver
- Empregos que gostaria de ter
- Negócios que deseja iniciar
- Livros que deseja escrever
- Livros que deseja ler
- Filmes que deseja assistir
- Atos que ajudem a mudar o mundo

ACEITE O DESAFIO

Comece agora! Dedique alguns minutos e anote algumas de suas metas e desejos para os próximos anos. Preserve o espaço a seguir para você começar a sua lista, mas sugiro que crie e mantenha uma Lista de Desejos separada. Visite a sua papelaria favorita e escolha um pequeno caderno ou bloco de anotações durável. Mantenha-o na bolsa ou em um local especial na sua casa, e leia-o de vez em quando, acrescentando ou retirando itens. Mas, mais importante, ouse usar sua Lista de Desejos na Vida como uma inspiração para correr atrás do que deseja, do que a torna realmente feliz.

_____
_____
_____
_____
_____
_____

Ouse correr atrás de suas paixões

OUSADIÔMETRO

Ousado   Ultra-Ousado   Ultra-Ousado e Audacioso

Não desista de tentar fazer aquilo que realmente deseja.
Se houver amor e inspiração, não acredito que dê errado.

ELLA FITZGERALD, CANTORA NORTE-AMERICANA DE JAZZ

Nunca tinha me ocorrido o porquê de usarmos a palavra "perseguir" quando falamos sobre ir atrás de nossos sonhos e correr atrás de nossas paixões, mas o motivo ficou muito claro para mim logo depois que eu decidi abrir uma editora com meu marido. Sempre quis criar algo do zero, algo novo e inovador. Durante anos, venho anotando idéias para produtos e negócios nos meus incontáveis Diários de Idéias, na esperança de que algum dia eu teria o tempo, o dinheiro e a experiência necessários para transformá-los em realidade. Bem, uma coisa que aprendi é que nunca parece haver uma hora certa para ir atrás de suas paixões ou sonhos na vida – sempre é possível argumentar que não há tempo, dinheiro ou experiência suficientes. Às vezes, é preciso decidir ir em frente – e foi o que fizemos.

Foi quando percebi: esta seria uma longa e difícil jornada, sem garantia de sucesso. Nem eu nem meu marido tínhamos a menor idéia sobre como era o mercado editorial ou a administração de uma empresa e, assim que começamos a pesquisar e a investigar o setor, nos sentimos sem ânimo e intimidados. Lembro de pensar que a missão seria impossível de ser realizada por apenas duas pessoas depois do expediente diário em nossos respectivos empregos, sem experiência alguma e com orçamento reduzido. Olhando para trás, vejo que foi uma idéia bem maluca, mas a intensidade do meu desejo era como um pequeno motor que me fazia seguir em frente. Eu realmente queria muito aquilo!

Saíamos de manhã para nossos empregos que pagavam as contas da casa, voltávamos à noite, comíamos qualquer coisa rapidinho e depois começávamos nossa segunda jornada do dia como editores recém-estabelecidos. Nossos fins de semana logo se transformaram em dias normais de trabalho e passávamos cada vez menos tempo com os amigos, jantando fora ou simplesmente fazendo as coisas de que gostávamos, como passear aos sábados à tarde ou ler o jornal.

Sabia que tentar dar início a uma empresa do zero, trabalhando em horário integral em outro emprego, iria ser difícil, mas nunca imaginei que seria tão difícil quanto efetivamente foi ou que teríamos de abrir mão de tantas coisas. Eu costumava olhar pela janela em belas tardes de domingo primaveris, enquanto estávamos trabalhando em nosso apartamento, e cada fibra do meu corpo queria largar tudo e simplesmente sair correndo e aproveitar o dia no parque. Eu sentia essa forte nostalgia dos dias em que não tínhamos que nos preocupar com atrasos da gráfica, ataques de escritores temperamentais e uma pilha interminável de contas para pagar que rapidamente estavam acabando com as nossas economias. Alguns dias, eu tinha a impressão de que teria um colapso nervoso tamanha era a pressão e a falta de sono. De alguma maneira, segui em frente, principalmente porque o meu marido foi um companheiro incrível e minha fonte extra de energia. Era alguém que me lembrava sempre de que isso era algo que eu desejava há anos, desde que ele me conhecera.

Depois de dois anos da mais difícil busca que já tive de realizar na vida, tínhamos uma editora: nossos livros estavam nas prateleiras das livrarias e nas mãos de algum cliente satisfeito. Lembro da excitação que tomou conta de mim na primeira vez que fomos a uma livraria da rede Barnes & Noble e vimos nossos livros – literalmente, eu me senti no topo do mundo. Percebi que me sentia assim por dois motivos: primeiro, porque tornara realidade um dos sonhos da minha vida, e depois porque tínhamos trabalhado insanamente no projeto. Eu não sei dizer qual dos dois motivos me deixava mais feliz ou orgulhosa. Tudo que sei é que adquiri um arsenal de confiança e resistência para a próxima vez que quisesse realizar um dos meus grandes feitos!

Ouse correr atrás de suas paixões! Pode não ser fácil, na verdade, posso até garantir a você que não será e, muito provavelmente, será mais como uma longa corrida do que uma trilha rápida. A busca envolve obstáculos, dúvidas, exaustão e surpresas desagradáveis, e muitos outros imprevistos antes do início. E você só conseguirá continuar se realmente puder dizer um redondo sim a todas as seguintes afirmativas:

- Esta é verdadeiramente a minha paixão, algo que eu realmente adoro e desejo que seja parte da minha vida.
- Entendo que terei de me comprometer a perseguir meu sonho e minhas paixões por um longo tempo, provavelmente muito mais tempo do que acho razoável.
- Estou disposto a me empenhar muito e provavelmente trabalhar mais do que nunca.
- Vou gostar da busca em si, assim como do resultado final, embora o caminho a ser trilhado em direção à minha meta seja difícil e, em alguns dias, eu provavelmente vou querer desistir e não trabalhar tanto.

Tama Kieves esperou muitos anos para largar seu emprego seguro como advogada corporativa com formação em Harvard para mergulhar de cabeça em sua verdadeira paixão pela escrita e começar a trabalhar no seu primeiro livro. Ela precisou de mais 12 anos para escrevê-lo. Durante grande parte deste tempo, a maior dificuldade de Tama era vencer suas dúvidas em relação à própria capacidade: ela temia não conseguir publicar o livro, não escrever rápido o suficiente, haver 10 mil livros concorrentes no mercado. Toda vez que ela via um livro parecido chegar às livrarias, ela queria jogar a toalha e largar tudo de vez. Mas se tornar escritora era seu sonho desde a época da escola, quando leu *O apanhador no campo de centeio* e se apaixonou por livros e pela literatura. Toda vez que Tama pensava em desistir do seu sonho, ela mergulhava fundo, lembrava por que aquilo era tão importante para ela e direcionava os seus esforços para atingir uma meta mais alta. Seu livro, *This Time I Dance! Trusting the Journey of Creating the Work You Love*, acabou sendo publicado pela J.P. Tarcher e ela passou a se dedicar a um bem-sucedido negócio de coaching, que se baseava nos conselhos contidos no livro. (Você pode consultar o site da autora: www.awakeningartistry.com.) Ousando seguir a sua paixão, Tama tornou realidade o sonho de sua vida. Imagine como ela deve ter se sentido realizada!

Qualquer que seja sua paixão – escrever um livro, ser cantora, projetar uma casa, tornar o mundo um lugar melhor – você precisa estar mental e fisicamente preparada para a tarefa. Eu nunca fui esportista, mas imagino que esse processo seja semelhante a se preparar para correr uma maratona e depois se comprometer a chegar ao final, embora esteja sem fôlego, sentindo os músculos contraírem de dor e pensando que motivo obscuro teria feito você fazer isso. Você só chegará ao final da corrida e alcançará sua meta se o que estiver buscando for algo que realmente deseja muito e pelo qual está disposta a dedicar todo o seu esforço.

Uso este truque simples quando estou em busca de uma meta na vida. Crio uma pequena lista de motivos pelos quais estou querendo alcançar este objetivo e deixo a lista à vista, na minha agenda ou colada no meu monitor. Ter esse lembrete constante na minha frente é algo incrivelmente poderoso e eu sugiro que você tente da próxima vez que estiver em busca de sua paixão. Pense em cinco motivos que mostrem que você se preocupa com o que está fazendo e use a lista como seu incentivo pessoal nos momentos de indecisão. Considero esse um ótimo teste para identificar se você realmente quer perseguir aquele sonho especial. Se você não consegue pensar em cinco ótimos motivos para provar que deseja algo, então talvez seja necessário repensar se vale a pena mesmo tentar. A vida é curta e é preciso vivê-la buscando coisas que realmente sejam importantes para você.

KIT DA MULHER OUSADA PARA CORRER ATRÁS DE SUAS PAIXÕES

Não comece a corrida sem este kit, que está repleto de ingredientes necessários ao sucesso.

- Desejo obsessivo de alcançar seu sonho.

- Confiança na sua capacidade de vencer e apreciar o processo (mesmo se não o apreciar).

- Compromisso em persistir quando você estiver quase certa de que não irá conseguir.

- Energia sem fim.

- Disposição para dedicar menos tempo a outras partes de sua vida – sono, relaxamento, diversão – pelo tempo que for necessário.

- Reserva infinita de estímulo e encorajamento (não se esqueça de usar o Transformador da Mulher Ousada).

- Uma fonte de apoio e estímulo: seu companheiro, a família, os amigos, lembretes sobre outras pessoas que já conquistaram seus sonhos.

- Um lembrete bem visível dos motivos pelos quais você está correndo atrás da sua paixão, como um mantra que você deve escrever e colar na sua agenda diária, na geladeira ou no seu monitor.

ACEITE O DESAFIO

Cite duas de suas paixões. Ouse criar um plano e começar a buscar uma delas, por mais assustadora ou improvável que esta empreitada possa parecer.

_____
_____
_____
_____
_____
_____

Ouse dar um grande passo, mas aprenda a recuar

OUSADIÔMETRO

Ousado Ultra-Ousado Ultra-Ousado e Audacioso

Conhecendo desde cedo nossas limitações, nunca seremos apresentados ao nosso potencial.

MIGNON MCLAUGHLIN, HUMORISTA NORTE-AMERICANO

Tudo bem, eis um desafio: da próxima vez que estiver diante de uma tarefa, uma provação, ou muitas tarefas e provações de uma só vez, e pensar: "Puxa, não tenho condições de continuar", pare. Pise no freio dentro de sua cabeça e reformule seus pensamentos até chegar a: "Tudo bem, é difícil, mas vou conseguir." Pode parecer que você está tentando manobrar um carro em uma estrada cheia de neve, e talvez você não acerte da primeira vez (nem nas dez primeiras vezes), mas seja firme e teimosa, e chegue lá, pelo menos mentalmente. E, se não conseguir se convencer de que realmente pode conseguir vencer, finja. Não, não é um erro de digitação do livro. Às vezes, precisamos fingir que temos condições de assumir mais do que o possível antes de realmente acreditarmos que podemos. Por isso, vá em frente, finja um pouco.

Acreditar que pode conquistar o mundo é o primeiro passo, é claro. O segundo é conquistar o mundo. E, sinceramente, não sei qual dos dois é mais difícil. Há alguns anos, me ofereceram um ótimo emprego em uma pequena empresa de tecnologia. O lado ruim era que o trabalho envolvia muito mais responsabilidade do que eu já assumira na vida, pois tinha relativamente pouca experiência naquele ramo e não havia previsão de treinamento formal. Se eu aceitasse o desafio, teria de descobrir tudo por conta própria e bem rápido. Embora eu não tivesse outras propostas de emprego na época, considerei não aceitar a oferta. E se eu não conseguisse fazer o trabalho? E se depois de minha contratação, o pessoal da empresa percebesse que tinha cometido um erro? E se eu tivesse de trabalhar 29 horas por dia para dar conta do recado e nunca mais visse a luz do sol? Algumas semanas e muito mais idéias depois, convenci-me a aceitar a oferta. Decidi que se o pessoal que oferecera o cargo pensou que eu tinha condições de assumi-lo, eu também deveria pensar assim. E, por mais que eu soubesse o que vinha pela frente, não tinha a menor idéia de como o desafio seria enlouquecedor. Pensava em pedir demissão umas dez vezes nos dias bons e umas cem vezes nos dias ruins, e passava muitas semanas trabalhando mais do que eu queria ou imaginava que podia. Foi um período maluco, intimidador e difícil, mas consegui engrenar depois de algum tempo (e me senti muito orgulhosa de mim mesma por ter consigo isso).

Ouse dar um grande passo. Assuma mais do que acha que consegue administrar, procure atingir uma meta que você considera inalcançável, faça coisas que normalmente consideraria fora do seu alcance e prove para si mesma que é capaz de realizar mais do que pensa. Com mais freqüência do que imaginamos, somos limitados pela nossa imaginação e percepção em nossas habilidades: se você pensa que não consegue fazer determinada coisa, não vai nem tentar. Bem, jogue esse pensamento pela janela e ouse conquistar o mundo:

- Candidate-se a um emprego que pareça totalmente fora de seu alcance, em vez de procurar vagas em cargos em áreas que você sabe que tem competência para ocupar.
- Faça um curso avançado em algo que você sempre quis aprender.
- Fique na melhor forma de sua vida em vez de ficar apenas bem.
- Assuma uma posição de liderança em um projeto difícil no trabalho, mesmo se não souber exatamente como lidar com ele.
- Treine para correr uma maratona em vez de correr apenas 10km.

Qual a pior coisa que pode acontecer? Você deixa sua imaginação correr solta e assume mais do que pode administrar e acaba não conseguindo dar conta do recado. Você fica sem fôlego, exausta e irritada. Ou seu corpo está dolorido e cansado da insana rotina que você está seguindo para a correr a maratona. Em vez de se sentir uma Mulher Ousada poderosa, você se sente exaurida e infeliz, e percebe que *realmente* deu um passo maior do que podia. O que fazer nesses casos?

Em primeiro lugar, vou poupá-la do suspense: se você ousar ir além dos seus limites e fizer grandes conquistas na vida, certamente haverá um momento em que vai perceber que chegou a um ponto alto demais. E, quando você dá um passo maior do que podia, precisa aprender a recuar. Você tem que saber diminuir o ritmo ou abrir mão de alguma das suas obrigações, e voltar a se sentir ótima e energizada em vez de exausta e mal-humorada. Não é fácil decidir se a dificuldade que está enfrentando é algo a ser superado em direção à realização de seu sonho ou se é um sinal de que você precisa reconsiderar e talvez ir mais devagar. Não acho que qualquer conquista que valha a pena surja sem uma boa dose de suor, esforço e muitos dias em que acha que está a dois minutos de desistir. Mas há uma diferença, por vezes sutil, entre sentir-se revigorada por um desafio, embora extenuada em determinados momentos na realização desse sonho, e sentir-se mental e fisicamente esgotada o tempo todo.

Então, como sabemos a diferença? Sugiro que você faça uma pausa no que quer que esteja fazendo. Se vem treinando para correr uma maratona, tire uns dias de folga; se está fazendo um curso à noite, mate algumas aulas. Se depois de um pequeno intervalo você sentir vontade de voltar ao seu desafio e estiver abastecida com nova energia para ir em frente, então não hesite. Por outro lado, se sentir que está detestando a idéia de voltar ao que estava fazendo e achar que está muito melhor sem isso, então considere a possibilidade de que talvez você realmente tenha exagerado.

Uma ótima amiga minha é a personificação da Mulher Ousada. Ela é cheia de energia e idéias, e vive cada momento da vida como se fosse o último. Alguns meses atrás, ela decidiu entrar para um curso noturno de formação de escrivães.

Ela leva duas horas para chegar ao trabalho todos os dias e queria adquirir uma técnica que a permitisse trabalhar mais perto de casa. Assim, duas vezes por semana, ela sai correndo do seu trabalho para a aula de três horas de duração e depois pegava um ônibus para casa, em uma longa jornada noturna. Eu a observei ficar cada vez mais cansada a cada semana, mas ela foi em frente e completou o semestre, até ter a chance de descansar e perceber que talvez tivesse exagerado. Ela se sentia exausta, tinha largado várias atividades que a faziam feliz e viu que estava sem energia mental. Minha amiga não queria se sentir uma derrotada e lutou contra isso também. Por fim, percebeu que este não era o momento certo para acrescentar outra atividade à sua já lotada agenda. Adiou o próximo período do curso até conseguir ter mais tempo livre. Ela me disse que ficou triste em desistir, mas que sabia que era a coisa certa naquele momento.

Ouse dar um grande passo, mas aprenda a recuar! Não somos fracassadas ou perdedoras por não conseguirmos realizar aquele desafio sem perder a sanidade. Você é uma Mulher Ousada sincera, realista e maravilhosa que conquista o mundo e sabe quando diminuir o ritmo e quando tentar de novo. Esta é uma maneira muito melhor de viver do que se intimidar diante de oportunidades e tarefas que parecem difíceis demais. Afinal, se você *nunca* achar que está sobrecarregada de tarefas, então como saber que está realmente aproveitando a vida ao máximo?

EXPANSOR DA IMAGINAÇÃO DA MULHER OUSADA

VOCÊ TALVEZ PENSE...	A MULHER OUSADA PENSA...
Isso é totalmente absurdo.	Isso é totalmente absurdo, mas vou tentar.
Não acho que consiga encaixar mais nada na minha agenda, já tão lotada.	Acho que consigo encaixar mais essa atividade se me organizar e tiver uma lista de prioridades.
Nunca fiz nada igual, por isso nem devo tentar.	Nunca fiz nada igual e mal posso esperar para tentar.
Todo mundo parece pensar que eu dou conta do recado, mas sei que não consigo.	Todo mundo parece pensar que eu dou conta do recado, então por que não devo achar isso também?
Se eu assumir essa tarefa e não conseguir acertar, vou me sentir um fracasso total.	Se eu assumir essa tarefa e não conseguir acertar, saberei que tive a coragem de tentar e que posso tentar outra vez daqui a algum tempo.
Se eu assumir essa tarefa e não conseguir acertar, todos vão pensar que sou um fracasso.	Se eu assumir essa tarefa e não conseguir acertar, vou me sentir como uma corajosa Mulher Ousada e não vou me preocupar com o que os outros estão pensando.

ACEITE O DESAFIO

Anote algumas tarefas, aventuras ou desafios que você pensou em assumir mas não levou adiante porque pareciam difíceis, insanos ou exorbitantes demais. Ouse escolher uma opção e vá em frente. Se, no final das contas, você realmente tiver exagerado, valha-se das técnicas para reduzir o ritmo e sinta-se como uma Mulher Ousada que sempre tem altas aspirações, mas que é humana e às vezes pode pisar no freio antes de assumir outro desafio.

_____
_____
_____
_____
_____
_____

Ouse imitar pessoas que a inspiram

OUSADIÔMETRO

| Ousado | Ultra-Ousado | Ultra-Ousado e Audacioso |

A coisas mais linda do mundo é justamente a combinação do aprendizado com a inspiração.
WANDA LANDOWSKA, PIANISTA POLONESA

Uma das maiores fontes de inspiração para fazer coisas realmente incríveis, arriscadas, vibrantes, audaciosas, únicas e criativas – ou seja, típicas de uma Mulher Ousada – é encontrar pessoas que já tenham feito ou estejam fazendo coisas realmente incríveis, arriscadas, vibrantes, audaciosas, únicas e criativas. São empreendedores, escritores, cineastas, artistas, *performers*, inventores, *designers* e todos aqueles que exercem atividades correlatas. Muitas vezes, não é preciso procurar muito para descobrir como as pessoas chegaram lá, tudo aquilo que conquistaram e que obstáculos superaram. Suas histórias estão em toda parte – na televisão, nos livros e nas revistas. Muitas vezes, algumas das pessoas mais inspiradoras na sua vida são seus familiares ou amigos.

Saber que alguém conseguiu realizar um sonho, superou as adversidades e venceu é inspirador. Faz com que os desafios pareçam mais superáveis, que os riscos pareçam menos perigosos e que as decepções não pareçam ser tão desanimadoras. Houve uma época em que minha vida era uma mesmice só: trabalho, compromissos e mais trabalho, e eu não conseguia encontrar tempo algum para meus projetos criativos. Eu precisava acreditar que algum dia eu conseguiria sobreviver com minhas criações, por isso procurei conhecer pessoas que tinham vencido.

Uma das pessoas que conheci foi H. Jackson Brown Jr. Talvez você não tenha ouvido falar dele, mas aposto que já viu seus livros em algum lugar. Ele criou o maravilhoso *Pequeno manual de instruções para a vida*, que passou anos na lista dos mais vendidos do *New York Times* e vendeu milhões de exemplares. Ele praticamente inventou a categoria de livros inspiracionais de bolso para presente, que agora ocupam as prateleiras das livrarias. Eu realmente gostava de seus livros e o seu caminho na vida me inspirou: só mais velho, depois de trabalhar com propaganda durante muitos anos, ele se tornou escritor e passou a viver disso. Em um impulso, resolvi escrever uma carta para ele, contando sobre meus escritos e o meu sonho de um dia publicar um livro. Para minha grande surpresa, ele me respondeu após poucas semanas. Nós falamos por telefone, e me senti tão animada depois de conversar com ele que não conseguia ficar parada. Após vários meses trocando e-mails, fui até Nashville para conhecê-lo pessoalmente. Passamos muitas horas conversando sobre nossas vidas e idéias, e sobre como ele conquistou o sucesso sendo sincero em sua escrita e cuidadoso com o seu trabalho. Afirmo com toda a sinceridade que foram os dias mais memoráveis e inspiradores da minha vida e certamente continuarão me inspirando a perseguir minhas idéias criativas por muito tempo.

Ouse imitar pessoas que a inspiram! Procure pessoas que estejam fazendo ou já realizaram algo que você deseja alcançar e aprenda o máximo que puder sobre o caminho seguido por elas e onde foram buscar inspiração e apoio. Manter uma lista das qualidades que possuem e as conquistas específicas de cada uma poderá ajudar você a encontrar um caminho para tornar os seus sonhos realidade. Talvez considere útil incluir estratégias que não funcionaram; os erros de alguém podem poupá-la de um ou dois desvios no caminho. Evidentemente, não existem dois caminhos iguais para o sucesso, mas quanto mais você souber sobre pessoas que fizeram o que você gostaria de fazer, mais será capaz de perceber certas características, atitudes e passos que podem ser seguidos em seu próprio caminho. Não há nada como ter uma experiência em primeira mão e aprender com isso, mas quando você está tentando algo pela primeira vez, é preciso estar aberto para ouvir experiências de outras pessoas e aprender com elas.

Uma vez fiz um curso de roteiro com Georgia, uma mulher que queria se tornar diretora de cinema. Como parte do curso de verão de direção que fizera, ela teve a oportunidade de dirigir um curta-metragem. Ela foi inspirada por um famoso diretor e muitas de suas influências apareceram no filme definitivo. Quando ela concluiu a película, enviou uma cópia do curta para ele, com uma nota dizendo que sempre admirou o seu trabalho. Esse conceituado diretor ficou tão impressionado com o filme de Georgia que a convidou para o *set* de filmagem de sua produção seguinte e ela foi, é claro. Um ano mais tarde, Georgia estava num *set* na Itália, trabalhando como assistente desse diretor. Isso sim é inspiração! (Recentemente, reencontrei Georgia e descobri que ela terminou de rodar e lançou seu primeiro longa-metragem. Uau! Para saber mais detalhes, consulte www.bdcfilms.com).

Você sonha algum dia poder administrar seu próprio spa? Conheça Marcia Kilgore, que fundou o Bliss, hoje um dos principais spas de Nova York e Londres, que começou com apenas alguns milhares de dólares, trabalhando no seu próprio apartamento de três quartos. Acredita que a sua fórmula especial de papinha de maçã pode vender bem, como aconteceu com Diane Keaton no filme *Presente de grego*? Confira a história de Julie Aigner-Clark, que criou um vídeo para ajudar seus próprios filhos a aprender artes e música e depois lançou Baby Einstein, uma empresa superbem-sucedida que ela acabou vendendo para a Disney por US$ 20 milhões. Você está trabalhando num livro de receitas que um dia pretende publicar? *Feed Me, I'm Yours*, de Vicki Kansky, é uma coleção de receitas fáceis de ler para crianças, que vendeu centenas de milhares de cópias – sem nunca ter chegado às mãos de uma grande editora. Conheça essas mulheres incríveis e como tornaram seus sonhos realidade, e ouse imitar suas atitudes audaciosas. Além de ser uma excepcional fonte de inspiração e motivação em sua busca, aprender sobre pessoas criativas, audaciosas, generosas, inventivas e determinadas pode ser uma ótima fonte de idéias sobre como encontrar um novo enfoque para a sua vida.

ALGUMAS MULHERES OUSADAS INSPIRADORAS

- **Kimberly Peirce** era uma diretora de cinema relativamente inexperiente quando obteve financiamento e dirigiu o filme controverso *Meninos não choram*, que conquistou aclamação da crítica e cuja atriz principal ganhou o Oscar por sua atuação.
- **Martina Navratilova** não dá a mínima para a idade e continua em plena forma nas quadras de tênis aos 49 anos, depois de vencer seu 58º torneio Grand Slam e de bater mais recordes do que se podia imaginar em uma única carreira.
- **Helen Thomas** se tornou a primeira mulher a entrar para a assessoria de imprensa da Casa Branca e seguiu com uma brilhante carreira jornalística.
- **J.K. Rowling** escreveu *Harry Potter*, o livro infantil mais vendido de todos os tempos, em guardanapos e pedaços de papel quando era mãe solteira, cuidava sozinha de sua filha e sustentava-a apenas com uma pequena pensão.
- **Kate Winslet** conquistou Hollywood sem abrir mão de sua paixão por filmes independentes de baixo orçamento ou de seu belo corpo que não tem nada de esquelélico.
- **Frida Kahlo** tornou-se uma das artistas mais famosas apesar de conviver com uma dor excruciante praticamente a vida inteira.
- **Betsy Jonhson** criou uma linha de sucesso de roupas originais, criativas e coloridas seguindo suas próprias idéias e paixões.
- **Nancy Lublin** fundou a Dress for Success, uma organização nacional norte-americana que ajuda milhares de mulheres todos os anos a se vestir de acordo com o mundo empresarial e serem bem-sucedidas em entrevistas de emprego.
- **Madonna** – ela precisa de descrição?

ACEITE O DESAFIO

Faça uma lista de algumas Mulheres Ousadas que a inspiram com sua força, criatividade, generosidade, estilo criativo, entre outras características. Ouse aprender o máximo que puder com elas, imitar suas atitudes e acompanhar os passos específicos que elas seguiram para alcançar seus sonhos.

_____
_____
_____
_____
_____

Ouse ser a pessoa dos seus sonhos

OUSADIÔMETRO

Ousado   Ultra-Ousado   Ultra-Ousado e Audacioso

*A forma como vivemos nossos dias é obviamente
a forma como vivemos nossa vida.*
ANNIE DILLARD, ESCRITORA NORTE-AMERICANA

Até alguns anos atrás, eu pensei que tinha todo o tempo do mundo para fazer o que quisesse da minha vida e me tornar o tipo de pessoa que eu achava que devia ser. Era ótimo pensar sobre toda a experiência que eu ganharia e as qualidades que desenvolveria com o tempo. Aqui está uma seleção aleatória das características da minha Lista de Sonhos, que criei mais ou menos na mesma época que comecei minha Lista dos Desejos:

- Ser capaz de abandonar preconceitos a meu respeito e conquistar a liberdade para experimentar mais coisas novas todos os dias.
- Ser mais paciente e mais capaz de perdoar a mim mesma e aos outros.
- Ser capaz de ver o copo metade cheio durante mais tempo.
- Ser uma ótima amiga e estar cercada de amigos maravilhosos.
- Ter a coragem de assumir riscos e a presença de espírito de não aceitar riscos idiotas.
- Julgar as pessoas com menos precipitação e rigor.

Então, um dia, eu me dei conta de que a vida é *agora*, não depois! Não tenho todo o tempo do mundo para ficar sonhando sobre o que quero ser no futuro. Tenho que começar a riscar itens da minha Lista de Sonhos, antes que a vida passe e transforme meus sonhos em algo que eu já deveria ter aprendido, me tornado e feito. Não sei o que causou esse novo senso de urgência – talvez eu tenha me dado conta de que cada ano da minha vida passa mais rápido do que o ano anterior –, mas foi realmente um grande incentivo! De repente, senti esse enorme desejo de compromisso para realizar algo todos os dias que pudesse me fazer chegar mais perto do tipo de pessoa que gostaria de me tornar.

Ouse ser a pessoa dos seus sonhos! Todos nós temos sonhos e metas: alguns envolvem coisas que gostaríamos de fazer e realizar na vida, outros envolvem o tipo de pessoa que gostaríamos de ser e as qualidades pelas quais gostaríamos de receber reconhecimento. Talvez você queira ser mais audaciosa e ambiciosa, ou mais paciente e equilibrada. Talvez sonhe em ser o centro das atenções e alguém em quem as amigas sempre podem confiar como uma fonte de amparo. Ou talvez você queira abrir mão de seu estilo tradicional de vida para ser mais espontânea. O que quer que seja, não espere para começar a agir ou a mudar. Faça isso agora! A única maneira de tornar seus sonhos realidade é tomando as medidas necessárias em sua direção e tornando esses passos parte da sua rotina diária. Não há um período especial em nossas vidas dedicado à realização dos nossos objetivos (embora eu seja a favor de instituir um feriado nacional: o Dia de Realizar os Sonhos, quando ninguém trabalharia e nós poderíamos nos concentrar em nossos sonhos e descobrir como torná-los realidade). O único momento que temos é agora, e precisamos aproveitar esse tempo ao máximo.

Por onde começar? Sugiro que você pegue uma folha de papel e comece a escrever sobre o tipo de pessoa que deseja ser. Pode ser uma lista de qualidades desejáveis, como fiz na minha Lista dos Sonhos. Pode ser um ensaio ou um texto livre com idéias iniciais. Outra possibilidade é descrever como você gostaria de ser em terceira pessoa. Imagine que as suas amigas estejam conversando sobre você ou seus filhos (no presente ou no futuro) estão descrevendo você para outra pessoa. O que você gostaria que eles dissessem? Ao pensar na sua Lista de Sonhos, inclua as qualidades que você já possui e gosta, e aquelas que gostaria de cultivar. Talvez fique agradavelmente surpresa ao perceber que está vivendo da maneira que decidiu viver. Ou talvez descubra uma pessoa totalmente diferente da que é hoje. Uma das vantagens de ser humana é que podemos mudar e efetivamente mudamos. Com certeza, nascemos com características inatas, mas também temos o poder de escolher a forma em que vivemos. Só existe um detalhe: cabe inteiramente a você usar o seu poder de Mulher Ousada para chegar o mais perto possível de ser o tipo de pessoa que deseja.

Seja absolutamente honesta ao listar as qualidades de seus sonhos. Esta é a sua lista pessoal; as únicas qualidades aqui devem ser aquelas importantes para você. A sua família não deve dar palpite (nem mesmo a sua mãe!), e as opiniões de suas amigas e colegas não devem importar. É a sua vida – somente você decide que tipo de pessoa gostaria de ser. Mas cuidado, porque garantir que a sua Lista dos Sonhos seja sua e de mais ninguém pode exigir mais esforço do que você pensa. Nós não vivemos isoladas e é fácil sermos influenciadas pelas pessoas, especialmente aquelas que estão mais próximas de nós. Sou uma pessoa bem centrada e independente (talvez até demais!), mas foram necessárias várias tentativas até que eu achasse que poderia dar certo. Por exemplo, uma das qualidades que considerei incluir foi ser menos perfeccionista, mas quando pensei melhor, percebi que realmente gostava de ser perfeccionista, embora deixe meu marido e os demais membros da família loucos. Seja sua própria avaliadora rigorosa e faça a Lista de Sonhos ser realmente sua!

Evidentemente, ter apenas uma Lista dos Sonhos não a fará avançar muito! É preciso fazer alguma coisa para tornar essas qualidades parte de você. Isso é difícil. Pessoalmente, confesso que minha tentativa de ser mais paciente fracassou terrivelmente até agora, embora meus esforços para ser menos crítica e mais capaz de perdoar tenham dado frutos. Talvez a paciência não combine com minha personalidade impulsiva e exigente, mas acho que o meu fracasso até hoje está mais relacionado com o fato de que não me empenhei muito em aprender a ser mais paciente. Ignorei meu próprio mantra de acompanhar os desejos com ações imediatas e simplesmente *quis* me tornar mais paciente. Essa não foi uma atitude de Mulher Ousada e é algo que devo mudar imediatamente. Por outro lado, posso atribuir minha recém-adquirida personalidade mais condescendente a um esforço persistente e determinado da minha parte em não seguir meus instintos e guardar menos ressentimentos. Uma das minhas amigas já não me escreve nem liga há meses, respondendo apenas rapidamente aos meus telefonemas e e-mails. Eu estava ficando irritada e sentia um certo rancor se acumulando quando lembrei do meu desejo de ser mais capaz de perdoar. Então, continuei ligando para ela e ignorando o fato de que era sempre eu quem tinha de tomar a iniciativa. Isso foi totalmente contra-intuitivo para mim, mas acabou fazendo com que eu me sentisse muito bem. Afinal, qual é a finalidade de guardar ressentimento? Eu ainda tenho que combater minha inclinação natural de ser menos condescendente do que gostaria, mas está se tornando mais fácil fazê-lo e estou me transformando ainda mais na pessoa que quero ser.

Mantenha sua Lista de Sonhos como um lembrete e empenhe-se ao máximo para se comportar de formas que a façam chegar mais perto de tornar essas qualidades uma parte de quem você é. Se quiser ser mais ousada, comece a fazer coisas audaciosas – diga o que pensa, use uma roupa que não combine tanto com você, peça exatamente o que quer e especifique claramente o que deseja, tente algo novo e inesperado. O segredo é realmente tomar medidas concretas para se tornar a pessoa dos seus sonhos. Deve haver muitas maneiras de praticar cada qualidade que gostaria de adquirir. Escolha uma e comece imediatamente.

Outra dica importante: nem sempre você conseguirá. Se incluir itens na lista que envolvam mudar algo sobre si mesma, pode demorar muito tempo e talvez várias tentativas sejam necessárias. Saiba disso, mas considere cada oportunidade como um novo início, sem se importar com o modo como você administrou a situação antes. Como tudo na vida, quanto mais praticar, melhor se tornará. Na centésima vez em que agir como uma Mulher Ousada realmente audaciosa, talvez nem mesmo perceba isso; você pensará simplesmente que está sendo você mesma!

QUALIDADES ALTAMENTE DESEJADAS DE UMA MULHER OUSADA

- Expressar-se de todas as maneiras possíveis, preocupando-se pouco com a opinião dos outros.
- Sentir-se ávida para tentar e experimentar coisas novas fazendo sua vida brilhar com experiências inesperadas.
- Ter ambições e sonhos, e um forte compromisso em adotar medidas concretas e torná-las realidade.
- Não ter medo de compartilhar sua alegria e vibrações positivas com o mundo.
- Saber que não precisa conquistar o mundo sozinha, mas sempre ser verdadeira em relação aos seus instintos e sentimentos.
- Esquecer as normas, hábitos e convenções e seguir seu próprio caminho na vida.
- Saber o que quer e ter a coragem de tentar alcançar seus sonhos, mesmo se precisar de mais esforço e tempo do que imaginava.
- Não viver no passado, mas usar suas experiências passadas como guia para vencer os obstáculos futuros.
- Não ter medo de desafiar suas próprias percepções de si mesma e do mundo à sua volta.
- Sempre encontrar novas maneiras de apreciar a vida.
- Não esperar pela oportunidade perfeita, mas arregaçar as mangas e aproveitar ao máximo as oportunidades que aparecem em seu caminho.
- Aproveitar seu poder para mudar e experimentar novas sensações em qualquer idade.

ACEITE O DESAFIO

Dedique alguns minutos a iniciar sua própria Lista de Sonhos. Mais importante, ouse encontrar formas de tornar essas qualidades parte de sua vida e de suas ações diárias.

_____
_____
_____
_____
_____
_____

Liberte a
Mulher Ousada
que existe em você

Ouse amar suas esquisitices e imperfeições

OUSADIÔMETRO

Ousado Ultra-Ousado Ultra-Ousado e Audacioso

Os espinhos são sua melhor parte.
MARIANNE MOORE, POETA NORTE-AMERICANA

Não consigo pensar em uma maneira mais ousada de começar esse capítulo a não ser compartilhando algumas de minhas próprias esquisitices e imperfeições. Dizer que a lista está incompleta é retórico, o que poderia fazer com que qualquer pessoa que me conhece começasse a rir. Aí vai:

- Quando quero muito alguma coisa, eu fico completamente obcecada e deixo todos à minha volta loucos tentando tornar meu desejo realidade.

- Minha arcada dentária não é alinhada, apesar ou talvez por causa dos estranhos aparelhos que usei quando adolescente.
- Sou viciada em arrumação e não consigo dormir se tiver uma pilha de jornais na mesa de centro ou se o meu armário estiver bagunçado.
- Gosto de filmes água-com-açúcar da década de 1980 e às vezes ouço música pop de péssima qualidade.

Em vários momentos da minha vida, me esforcei muito para esconder essas esquisitices e hábitos, às vezes com grande sucesso. Nas minhas fotos, estou sempre com um sorriso cuidadosamente construído que por acaso esconde boa parte dos meus dentes inferiores. E durante meus anos de escola, antes dos meus amigos chegarem para uma visita, eu bagunçava o meu quarto jogando papéis e roupas pelo chão porque era assim que eu achava legal. Esses são apenas alguns exemplos dos meus ridículos esforços para ser mais como as pessoas à minha volta e mais como uma imagem que tinha construído para mim. Na verdade, quem se importa se os meus dentes inferiores não se encaixam direito com os de cima? Ninguém, especialmente aqueles que só perceberam essa pequena imperfeição dentária porque eu mostrei. Aposto que minhas amigas não teriam gostado menos de mim se tivessem consciência da real dimensão da minha obsessão por organização (tenho certeza de que, por mais que eu tentasse ser legal por ser bagunçada, eu não criava uma bagunça tão grande a ponto de enganar a maior parte delas). Acho que nunca tive um momento de revelação em que percebesse que as muitas esquisitices e imperfeições que eu tentava esconder me tornaram memoráveis. Ao longo do tempo, comecei a aceitar essas singularidades em vez de escondê-las, e a liberdade que isso me proporcionou para simplesmente viver minha vida e não me preocupar em seguir determinada imagem foi incrivelmente contagioso.

Ouse amar suas esquisitices e imperfeições! Quer seja uma curva engraçada no nariz, sua obsessão em usar listras ou sua incapacidade de fazer um pedido em um restaurante em menos de 20 minutos, essas qualidades são parte do que fazem de você uma Mulher Ousada maravilhosa e única. Agarre-se com todas as suas forças às características que a distinguem e deixe sua marca especial e inconfundível no mundo. Confie em mim, você estará fazendo mais do que apenas um favor a si mesma. Imagine um mundo no qual todas as pessoas tenham o mesmo nariz, usem cores pastéis sem estampas e gastem precisamente dois minutos e meio para fazer um pedido no restaurante – definitivamente, seria um lugar insuportavelmente chato que eu duvido que você quisesse conhecer.

Ainda assim, por mais maravilhoso que possa parecer, muitas de nós fazem de tudo para se livrar ou esconder nossas esquisitices e imperfeições. Talvez seja porque genuinamente odiemos algumas delas, nos sintamos mais confortáveis em não compartilhar nossas idiossincrasias com o mundo, ou tenhamos certeza de que as pessoas terão uma opinião melhor a nosso respeito se não souberem certos aspectos da nossa personalidade. Embora todos esses motivos possam ser perfeitamente legítimos, não são nada em comparação com o motivo mais importante pelo qual deveria abrir mão de seus preconceitos: é muito mais divertido assim! Aceitar suas esquisitices, imperfeições e idiossincrasias, em vez de combatê-las ou escondê-las, libera muita energia, permitindo que você aprecie a sua vida e faça o que quiser com ela.

Quando você é sincera com os seus sentimentos, suas chances de conhecer pessoas com quem possa estabelecer relacionamentos sinceros aumentam astronomicamente. Eu me dei conta disso quando conversava com uma amiga sobre um relacionamento do tipo ata-desata com um sujeito legal de quem ela realmente gostava. Sempre pensei que ele era a pessoa certa para ela e nunca conseguia entender o motivo pelo qual as coisas não estavam se acertando entre os dois. Ele parecia estar apaixonado por ela e era um cara muito legal. No entanto, toda vez que se envolviam romanticamente, minha amiga acabava recuando. Recentemente, quando sugeri pela décima vez que talvez esse fosse o cara certo, ela finalmente me deu uma resposta que fazia sentido: ele não era o cara certo porque não se importava com suas pequenas esquisitices e imperfeições. Minha amiga é a pessoa menos organizada do mundo; ela tem uma rotina estabelecida de sempre correr pelo quarto procurando suas coisas no último minuto, tentando chegar a tempo para uma reunião ou compromisso (o que quase nunca consegue fazer). Ela é totalmente desajeitada e derruba tudo, incluindo comida nas roupas, o que permite facilmente saber qual foi o cardápio do almoço naquele dia. E foram essas e outras qualidades aparentemente insignificantes *dela*, que esse ótimo sujeito parecia não valorizar. Não o incomodavam, ela disse, mas não eram parte do que o atraía e ela não podia ter um relacionamento com alguém que não a amasse como ela era, incluindo seu jeito desajeitado de ser e seu senso de humor excêntrico. Isso fazia tanto sentido que não consegui entender como não percebera antes.

Por isso, ouse ser você mesma, mantendo intactas todas as suas maravilhosas e peculiares esquisitices. Não há jeito melhor de ter, ao mesmo tempo, liberdade e diversão na vida!

**ALGUMAS ESQUISITICES E IMPERFEIÇÕES
DA MULHER OUSADA**

- Falar e andar de maneira acelerada.
- Gostar de fazer tudo sozinha.
- Não poder ficar em um só lugar durante muito tempo.
- Tentar agilizar a mais mundana das tarefas diárias.
- Precisar maximizar cada momento e experiência.
- Rir alto e muitas vezes de forma escandalosa.
- Ser teimosa e perturbadoramente obstinada.
- Preferir seguir o caminho mais longo para chegar em algum lugar, desde que seja novo e inesperado.
- Ser imprevisível.
- Sempre expressar sua opinião.

ASSUMA O DESAFIO

Anote três das suas esquisitices e imperfeições mais maravilhosas. Ouse gostar delas, não as esconda, ame a si mesma e aproveite a vida!

_____
_____
_____
_____
_____
_____

Ouse aprender a fazer algo excepcionalmente bem e exiba-se

OUSADIÔMETRO

Ousado   Ultra-Ousado   Ultra-Ousado e Audacioso

Só fazemos bem o que gostamos de fazer.

COLETTE, ROMANCISTA FRANCESA

Em algum lugar no alto do seu armário existe uma caixa cheia de troféus, diplomas, faixas e outras lembranças de suas conquistas de quando era mais jovem. Aposto que toda vez que você abre essa caixa, sua boca forma um sorriso enorme, pois você se lembra de como era incrível ganhar a competição eqüestre do clube ou quando sua receita secreta de torta de amora tirou segundo lugar no concurso de doces da sua cidade, ou ser a goleira do time de futebol do colégio que participou das finais do campeonato estadual. Ser ótima em alguma coisa e ser reconhecida por isso nos faz sentir incrivelmente fortes – é uma injeção tripla de confiança logo no café-da-manhã.

Não sei quanto a você, mas, para mim, essa sensação é contagiosa. Adoro tanto isso que cada nova conquista só faz uma coisa: me inspira e me leva a fazer mais, a almejar mais alto e a me esforçar para fazer algo bem e me sentir maravilhosa por isso. E descobri que embora seja realmente ótimo ser reconhecida por minhas habilidades e conquistas, nada é tão bom quanto meu próprio respeito pelo que faço e a confiança que adquiro de ser boa em alguma coisa.

Ok, estou exagerando um pouco. Para ser completamente sincera, é realmente gratificante quando outras pessoas valorizam e reconhecem minhas habilidades e realizações. Quando os livros que meu marido e eu publicamos pela nossa pequena editora receberam algumas críticas positivas de publicações que normalmente não resenham livros de editoras pequenas, ficamos orgulhosos. Sabíamos que os livros eram bons e com freqüências íamos a Barnes & Noble para vê-los nas prateleiras e ficarmos exultantes com o que tínhamos ajudado a criar. Assim que recebemos as críticas, corremos para o telefone e para o e-mail para contar aos nossos pais, amigos e todos os conhecidos sobre a façanha; receber parabéns nos fez sentir ainda mais confiantes de que poderíamos continuar com o nosso trabalho na editora.

Todos temos egos, e parte da euforia associada à conquista está relacionada com o reconhecimento de outras pessoas. É um desejo natural do ser humano, e não há nada de errado nisso, exceto por um aspecto – se você tentar alcançar ou conquistar um objetivo simplesmente para obter a admiração de outras pessoas. A única pessoa que você deve tentar impressionar com as suas conquistas é você mesma; todo o resto é lucro. Na maior parte das vezes, somos nossos mais rigorosos críticos e juízes, por isso, se você não valorizar o que está tentando fazer, não fará diferença para os outros.

Ouse aprender a fazer algo excepcionalmente bem e exiba-se! Pense sobre as habilidades que gostaria de adquirir, o que gostaria de realizar e elabore um plano para conquistá-las. Pode ser algo que deseja fazer no trabalho – digamos, aprender a criar apresentações sensacionais ou dominar uma nova tecnologia. Procure o seu nicho, aquele conjunto de habilidades que você deseja aprender no seu trabalho e torne-se realmente boa nisso. Além do fato de ajudarem você a vencer profissionalmente (não é minha intenção fornecer qualquer tipo de assessoria profissional neste livro, mas vários consultores de carreira dizem que ter uma especialização vai ajudar você a se destacar e progredir na empresa), essas habilidades a deixarão mais confiante e farão você brilhar de orgulho quando as outras pessoas as reconhecerem.

Tornar-se especialista em algo pode abrir as portas para uma vida ou uma carreira inteiramente novas. Quando conversava com diferentes mulheres sobre este livro, conheci Susie Galvez. Seu principal interesse sempre foi maquiagem. Quando tinha apenas 8 anos de idade, já dominava a técnica ajudando a mãe, que não enxergava bem. Susie gostava de ver a mãe sorrir quando ficava satisfeita com a própria aparência. Esse sentimento permaneceu com Susie a vida toda. Ao embarcar em sua carreira de vendas, Susie continuava pensando em como ela se sentia feliz quando usava a maquiagem para alegrar a mãe e outras mulheres da família. Então, quando a empresa em que trabalhava foi vendida, ela decidiu que era o momento certo para perseguir seu real interesse. Entrou em um curso para se tornar esteticista licenciada e comprou um spa em dificuldades financeiras. Susie usou sua paixão e seu talento para transformar o spa em um negócio lucrativo e agora passa o dia inteiro fazendo o que adora, ajudando as pessoas a ficarem mais bonitas. Susie me disse que, para ela, o que recebe dos clientes é mais valioso do que aquilo que eles mesmos adquirem, quando saem cheios de confiança com sua ótima aparência. (Saiba mais sobre o spa de Susie em www.faceworksdayspa.com.)

Aprender a fazer algo muito bem e exibir-se não necessariamente significa embarcar em uma nova carreira. É tão, senão mais, estimulante e gratificante fazer isso em outras áreas da sua vida. Você gosta de pintar? Faça aulas, dedique-se, pinte como louca e melhore suas técnicas de pintura até um novo nível. Depois encha seu apartamento (ou casa, se tiver a sorte de ter uma) com a sua arte para que seus familiares, amigos e convidados fiquem maravilhados. Ou talvez você sempre tenha querido aprender a cozinhar um assado de cordeiro especial? Isole-se em sua cozinha durante alguns dias, armada com seus melhores livros de receitas e ingredientes. Tente as receitas dez vezes e, assim que tiver dominado as suas criações, convide para o banquete o maior número de pessoas que a sua sala de jantar comportar.

Ser excepcionalmente boa em alguma coisa é ótimo e nos faz sentir muito bem, quer seja preparando a mais deliciosa mousse de maracujá ou criando projetos de móveis originais. Escolha um interesse ou habilidade que já possui, leve-o a um nível inteiramente novo e não seja tímida em compartilhá-lo com o mundo. Você não só sentirá a incrível força de ser reconhecida pela sua conquista como terá condições de compartilhá-la com outras pessoas. Será que poderia pedir um combinação mais ideal?

IDÉIAS PARA A MULHER OUSADA SE EXIBIR

- Envie seus cartões de Natal feitos à mão para todos os parentes e amigos.
- Mostre a fita de sua apresentação de piano em seu próximo encontro com as amigas e, quando alguém perguntar quem é a ótima pianista, conte a elas o segredo e aprecie o momento.
- Vá a um restaurante francês e exiba sua recém-adquirida habilidade de fazer o pedido na língua francesa.
- Mande para o seu chefe uma cópia de um e-mail destinado a um colega que contém a mais recente e caprichada apresentação que você criou para um cliente.
- Confie na sua capacidade de identificar um problema e apresente um plano para solucioná-lo, voluntariando-se para dar o primeiro passo em uma difícil tarefa no trabalho.
- Na festa de uma amiga, use uma roupa ousada que mostre bem sua recém-adquirida silhueta malhada e não diga nada além de "obrigada" diante dos elogios.

ASSUMA O DESAFIO

Anote algumas técnicas que deseja aprender realmente bem ou habilidades que deseja adquirir ou aperfeiçoar, e ouse perseguir seu sonho. Torne-as parte de sua vida e exiba-as para o mundo!

_____
_____
_____
_____
_____

Ouse ser mais criativa

OUSADIÔMETRO

Ousado   Ultra-Ousado   Ultra-Ousado e Audacioso

Quando não puder criar mais nada, estarei acabada.
COCO CHANEL, ESTILISTA FRANCESA

Um dia, enquanto Lisa, minha dentista, estava dando um jeito nos meus dentes, percebi alguns quadros na parede que nunca tinha visto. Já era paciente de Lisa há anos e sabia que ela era fã de artes e até agenciava vários artistas locais. Então, assim que meus dentes estavam brilhando novamente, perguntei quem era o autor dos quadros. Para minha surpresa, a artista era ela. Depois de conhecer arte e artistas durante tanto tempo, ela sentiu o impulso de pintar e começou a criar lindas pinturas abstratas.

Senti uma conexão com Lisa naquele dia, algo que nunca teria com alguém que me faz sentir dor de dente duas vezes por ano. Não porque eu pinto também de vez em quando, mas porque sei que não conseguiria superar os meus dias e semanas de trabalho, rotina e obrigações sem o escape de minhas buscas criativas. Quando Lisa falava sobre arte, seu rosto se iluminava, e percebi que me sentia exatamente da mesma maneira quando ficava imersa em um dos meus projetos criativos.

Ouse ser mais criativa! Você não precisa ser escritora para escrever nem artista para pintar, e escrever e pintar são apenas duas maneiras de se expressar criativamente. Eis algumas sugestões para impulsionar sua verve criativa:

- **Comece devagar.** Tente fazer algo criativo uma vez por semana ou por mês. Prepare o jantar com ingredientes exóticos que nunca usou. Se a sua família fizer caretas enquanto você serve a refeição, diga que está apenas expandindo os seus horizontes. Eles acabarão apreciando, mesmo que não gostem muito no começo. Ou faça um pequeno presente criativo para alguém. Se for Dia dos Namorados, que tal comprar um papel bem bonito e criar seu próprio conjunto de Cartões do Amor? Enlouqueça! Você logo descobrirá que seus presentes criativos serão lembrados e apreciados mais do que qualquer outro presente mirabolante encontrado nas lojas.
- **Não espere pela idéia perfeita.** As idéias criativas são mais como tesouros enterrados do que lâmpadas: você precisa nadar um bocado, explorar tudo ao seu redor e seguir muitas direções diferentes até encontrar a idéia certa. Permita-se ter tempo e liberdade para explorar suas idéias e não fique frustrada se não conseguir ter uma idéia imediatamente. Por exemplo, se decidiu fazer seus cartões de Natal criativos para parentes e amigos, vá até a papelaria

mais próxima de sua casa e procure materiais interessantes que podem ser usados para tornar seus cartões realmente especiais. Experimente algumas combinações diferentes e não se preocupe se não conseguir encontrar logo o que gosta. Além disso, não deixe de dar uma olhada nos cartões de Natal que a loja oferece, pois eles podem dar mais novas idéias para você experimentar.

- **Mantenha um diário de idéias criativas.** Anote toda e qualquer inspiração que passe pela sua cabeça. Não desconte nada só porque parecem improváveis ou tolas. Não são, e muitas podem ser digressões que vão levá-la à sua próxima grande idéia.
- **Visite lugares que a inspiram.** Uma vez, eu li um artigo no qual a autora Lisa Dierbeck falava sobre ir à biblioteca para encontrar inspiração para seu próprio trabalho como escritora. Na biblioteca, ela se vê cercada por silêncio e milhares de livros; sua imaginação voa livre para explorar novas idéias e direções que talvez não tenha considerado. Ficar em casa ou no escritório olhando para as paredes não vai ajudá-la, por isso vá à luta e deixe o mundo à sua volta inspirar a sua criatividade.
- **Tente.** Tente fazer coisas novas, faça coisas novas, pense em coisas novas, exponha-se a coisas novas. Ficar com o que você já conhece é seguro e reconfortante, mas não é a melhor maneira de ter idéias e inspirar sua vida criativa. Caso nunca tenha pintando, mas sempre teve vontade de tentar, experimente. Reserve algum tempo durante uma noite por semana para pintar e não trate essa atividade como algo que pode ser adiado. Se você costuma sair com um grupo de amigas, faça novas amizades com pessoas que sejam bem diferentes de você. Talvez você experimen-

te todo um novo lado da vida e de si mesma. Você pode conhecer novas pessoas fazendo um curso, participando de leituras em livrarias ou entrando para um dos muitos grupos que com toda certeza existem em sua cidade.

Não importa sua forma de ser criativa, desde que faça algo que ajude você a se expressar de forma mais pessoal, diferenciada e interessante. Algumas de nós são mais criativas do que outras, mas todas temos idéias, inspirações e estilos individuais. Ouse deixar esse lado criativo brilhar com mais freqüência e você verá que a vida se tornará mais alegre, divertida e gratificante.

Muitas das nossas atividades diárias envolvem coisas que não exigem criatividade (a menos que você seja uma das pessoas sortudas que tem um emprego criativo que pague suas contas). É preciso encontrar energia e tempo para expressar a sua criatividade, ousando não sentir medo de fracassar. Quem se importa se a sua receita de torta de cerejas com mozarela tiver gosto de... bem, torta de cerejas com mozarela? Você criou algo por conta própria e isso torna a vida mais divertida.

Elimine de vez as seguintes palavras do seu vocabulário: "Eu simplesmente não sou criativa". Outro dia, eu estava contando a uma amiga sobre um presente que costumava fazer para o meu marido. "Uau", ela disse, "eu nunca conseguiria fazer algo assim. Realmente não sou do tipo criativa". Péssimo! Simplesmente não é verdade, pois todas nós podemos ser criativas de alguma maneira! Você pode tentar coisas inusitadas, se expressar de maneiras novas sem se preocupar com a opinião das outras pessoas. Comece devagar e continue avançado; ser criativa pode viciar!

Divirta-se, enlouqueça e deixe sua maravilhosa marca criativa neste mundo.

IDÉIAS DA MULHER OUSADA PARA EXPLORAR A CRIATIVIDADE

Às vezes, todas precisamos de um pequeno empurrãozinho, então aqui estão algumas idéias de projetos criativos que você pode tentar quando surgir o desejo de fazer algo um pouco menos habitual. E, se essa vontade não surgir, ouse ir atrás dela.

- Compre cartões em branco e escreva seus próprios dizeres – ou crie seus próprios cartões!
- Pense em idéias divertidas para um encontro que não envolvam jantar fora ou ir ao cinema.
- Escreva um poema escrevendo uma linha por dia durante uma semana.
- Faça suas próprias jóias.
- Invente um feriado e comemore-o com as amigas.
- Compre alguns livros de colorir e seja criança novamente.
- Substitua alguns ingredientes já conhecidos e comprovados por outros diferentes em suas receitas favoritas.
- Faça uma colagem de objetos inesperados como caixas de fósforo, tampas de garrafa, ingressos de cinema ou listas de compras velhas.

ASSUMA O DESAFIO

Escreva cinco maneiras de como gostaria de explorar a sua criatividade e ouse explorar uma esta semana. Por maior ou menor que seja, todo esforço criativo é um sopro de vida e um enorme impulso de energia.

_____
_____
_____
_____
_____

Ouse *não* se rotular

OUSADIÔMETRO

Ousado Ultra-Ousado Ultra-Ousado e Audacioso

É triste quando você descobre que as coisas não dão certo para você não por causa de acidentes, do tempo ou do destino, mas por sua própria culpa.

LILIAN HELLMAN, DRAMATURGA NORTE-AMERICANA

Apposto que, mesmo que você tenha liberdade, terá criado alguns rótulos para si mesma que guiam a sua vida e a maneira como a vive. Que tal: "sou um espírito livre e nunca consigo me organizar". Ou "sou um espírito livre, por isso não posso me comprometer com nada durante muito tempo". Pense em como você percebe a si mesma e encontre alguns rótulos ocultos – ou talvez não tão ocultos assim. Se você é curiosa, eis alguns rótulos que usei para mim em diferentes momentos da vida:

"Não assumo riscos."

"Não sou aventureira."

"Sou superorganizada e não consigo lidar com o caos em minha vida."

Nem todos os rótulos são ruins. Alguns são verdadeiras expressões das nossas personalidades, e quanto mais entendermos a nós mesmas, maiores as chances de uma vida mais gratificante e exultante. Sou definitivamente ultra-organizada e saber disso me ajuda a criar situações que me permitem vencer em vez de encher minha vida com o caos, que me deixaria louca. Entretanto, muitos rótulos não fazem nada além de restringir a variedade de experiências e direções que perseguimos na vida. Como nunca pensei em mim como uma pessoa que assume riscos, demorou mais do que eu imaginava para que eu abrisse minha própria empresa. Tenho sorte de ter tido coragem de me livrar desse rótulo, mas tremo só em pensar que poderia ter perdido uma das mais extraordinárias, turbulentas e fascinantes experiências de minha vida. Quando reflito sobre o que ajudou a me redefinir, percebo que foi algo muito simples: estava tão empolgada e apaixonada pela idéia de começar nossa pequena editora que nunca me preocupei em considerar como isso se encaixava com a idéia que tinha de mim mesma: alguém que não gosta de riscos.

Ouse *não* se rotular! Desafie suas idéias estabelecidas sobre o tipo de pessoa que você é e a vida que está levando e certifique-se de que está vivendo da maneira que deseja. Os rótulos não aparecem do nada. Nós os adquirimos ao longo dos anos e, sem dúvida, somos influenciadas pelas pessoas ao nosso redor. Se os seus pais e professores sempre lhe disseram que você não é muito boa em artes/música/ciências/relacionamentos/o que quer que seja, você precisa ser uma alma incrivelmente forte e independente (ou seja, uma Ultramulher Ousada!) para rejeitar todos esses juízos e não adotá-los como rótulos para você. Os rótulos podem ser extremamente pegajosos, por isso você precisará reunir toda a força da Mulher Ousada que existe em você para acabar com eles, a fim de ter liberdade para escolher o que e como fazer.

Enquanto pesquisava para este livro, recebi um e-mail de Diane, uma mulher cuja história representa um exemplo perfeito de como os rótulos podem ser pegajosos e como é difícil se livrar deles. Quando estava no ensino médio, Diane queria ser jornalista. A família dela, por outro lado, pensava que a sua missão na vida era encontrar um marido bem de vida e se tornar uma dona de casa. Diane ouviu sua família e fez um curso de secretariado, casou-se e teve dois filhos. Ela gostava da sua vida, mas alguns anos mais tarde percebeu que a sua noção de si mesma como alguém que sempre seria uma mãe dona de casa era limitadora e a impedia de aproveitar melhor a vida.

Por isso, Diane voltou a estudar aos 30 anos e formou-se em mídia e comunicação social. Vários anos mais tarde, foi trabalhar no Teachers College da Columbia University, onde fez o mestrado em desenvolvimento educacional internacional. Ela agora está trabalhando em sua tese de doutorado na mesma universidade. Deixar de ser dona de casa e mãe em tempo integral para tentar alcançar outras metas foi um enorme desafio para Diane. No começo, sentia-se culpada por não passar muito tempo com os filhos. A família não foi particularmente receptiva às novas prioridades de sua vida, mas ela tinha de acreditar em si mesma e no seu desejo de ter uma vida multifacetada como uma mãe trabalhadora e instruída. O esforço valeu a pena: Diane vivenciou e aprendeu coisas que seriam impossíveis de outro modo. Ela recebeu uma formação maravilhosa, encontrou um trabalho gratificante que a paga para fazer o que ela adora, viajou o mundo todo (aprendendo muitos idiomas nesse meio tempo) e continuou sendo mãe e amiga dos filhos adolescentes.

Os rótulos não têm relação alguma com o que você gosta ou não gosta de fazer. Por exemplo, você talvez não goste de festas barulhentas, mas isso não a torna uma pessoa anti-social. Os rótulos são mais abrangentes: quando você se rotula, define a si mesma como determinado tipo de pessoa. Essas definições podem limitar as escolhas que faz na vida e a diversidade de experiências que procura. A armadilha dos rótulos é que eles podem fazer a sua vida parecer muito confortável. Se você se rotulou como alguém que nunca assume a liderança, então é provável que raramente tome a iniciativa e, dessa forma, poupa o estresse associado com estar à frente de alguma coisa. Você está perdendo a grande empolgação, satisfação e aprendizado que assumir a liderança pode trazer, o que é uma pena. Tenha coragem de sair da zona de conforto de seus rótulos de vez em quando e talvez descubra que não os quer de volta.

Uma das minhas amigas me contou recentemente a história de um sujeito que conheceu pela Internet; eles se encontraram e estão namorando há alguns meses. Eu não puxei o assunto, mas, no ano passado, quando sugeri que tentasse um desses sites de namoro on-line, ela me disse que sequer poderia considerar essa idéia. Ela vinha reclamando por não conseguir conhecer pessoas novas, mas disse que acreditava no destino. Ela não era alguém que tomava a iniciativa de conversar com estranhos, especialmente aqueles que conhecia on-line. Não sei o que acontecerá com ela e esse cara em especial, mas eliminar o rótulo de ser alguém que só acredita no destino já a libertou o suficiente para conhecer pessoas de muitas maneiras diferentes e sentir que tem mais controle sobre a própria vida.

Quanto menos você se limitar, mais amplas serão suas chances de explorar a vida e de encontrar coisas e pessoas de que realmente goste. A existência é repleta de experiências, oportunidades e reviravoltas extraordinárias e você tem a chance de usar a sua liberdade e força de Mulher Ousada para explorá-las todos os dias, da melhor forma possível.

> **RÓTULOS NADA OUSADOS A SEREM EVITADOS**
>
> - Não sou uma pessoa artística.
> - Não gosto de dançar.
> - Só gosto de pratos com nomes que consigo pronunciar.
> - Não gosto de nada que seja *new age*.
> - Não me ligo em esportes.
> - Não assumo a liderança.
> - Não sou aventureira.
> - Não viajo para países cuja língua eu não domine.
> - Não sou divertida.
> - Não sou criativa.
> - Sou velha demais para isso.
> - Sou jovem demais para isso.
> - Não sou uma pessoa social.
> - Só faço o que sei fazer realmente bem.

ASSUMA O DESAFIO

Anote alguns rótulos e ouse ser totalmente sincera e pergunte até que ponto esses rótulos se aplicam a você. Não tenha medo de acabar com eles e sinta-se livre para experimentar tantas partes dessa vida maravilhosa quanto for humanamente possível.

_____
_____
_____
_____

Ouse tomar partido, mas esteja pronta para mudar de opinião

OUSADIÔMETRO

Ousado Ultra-Ousado Ultra-Ousado e Audacioso

Melhor ter uma idéia falsa do que não ter idéia alguma.
GEORGE ELIOT, ROMANCISTA INGLÊS

Pense em algumas das pessoas mais interessantes e envolventes que você conhece e aposto que você encontrará uma característica comum: todas elas têm pontos de vista próprios e não têm medo de compartilhá-los. Tudo bem, talvez essas figuras deixem você maluca com idéias que são radicalmente opostas às suas, mas certamente não poderão ser chamadas de chatas ou sem graça. E tudo que é interessante é melhor, não é mesmo?

Devo confessar que tenho uma preferência pessoal por pessoas com opiniões próprias – por acaso, sou uma dessas pessoas. Tenho minha própria opinião sobre praticamente tudo que cruza o meu caminho, de política a filmes, passando por comida, pessoas, cadarços de sapato e tudo o mais. Dificilmente você me ouvirá dizendo que alguma coisa é simplesmente legal: ou eu adoro ou não suporto aquilo com todas as minhas forças. Praticamente não consigo ficar calada quando, durante uma conversa, surge uma questão do meu interesse, independentemente se eu acho que os outros vão concordar comigo ou discordar radicalmente da minha opinião (e pode acreditar que isso deixa os meus amigos completamente loucos). Por que eu sou assim? Bem, por um lado, acho que é minha própria natureza e, de acordo com meus pais, eu sou assim desde pequena. Também acho que ter e expressar opiniões me torna mais interessante e divertida.

Uma das minhas melhores amigas é uma mulher dinâmica de quem eu discordo em centenas de pontos, desde programas de tevê (o seu favorito é um que eu me recuso a assistir) a pratos prediletos (adoro carne e ela é vegetariana), passando por germes (lavo minhas mãos antes de almoçar enquanto ela desinfeta as suas com uma poção especial ultrapoderosa vendida em um frasco). Ela é uma pessoa forte, dinâmica e divertida – certamente porque tem opiniões formadas e não tem receio de dizer ao mundo o que pensa. A sua presença alegra qualquer ambiente, e as pessoas adoram conversar com ela, quer concordem com o que ela diz ou discordem veementemente. Nunca fico entediada quando estou a seu lado e ela é capaz de iluminar até mesmo os dias mais cinzentos.

No entanto, embora ter opiniões próprias e não ser tímida em compartilhá-las seja verdadeiramente uma qualidade da Mulher Ousada, acho que é ainda mais ousado estar disposta a mudar de opinião. Às vezes, nos fixamos em idéias e crenças que temos há tantos anos como se fossem nossa capa de proteção favorita; elas nos fazem sentir seguras e confortáveis, por isso, as levamos para toda a parte. Bem, eu sugiro tornar um hábito dedicar algum tempo para pensar se você realmente acredita em algo ou se está se prendendo às suas opiniões só porque já existem há algum tempo. Esteja aberta a ouvir novas idéias e a mudar de opinião. Aproveite ao máximo as experiências da vida e as pessoas que você conhecer. Se o que aprender fizer você mudar de idéia sobre algo em que acreditava, mesmo se for algo que você sempre considerou como verdade absoluta, permita-se mudar. Mudar de opinião não a torna mais fraca – torna você autêntica e a faz sentir-se viva.

Ouse tomar partido, mas esteja pronta para mudar de opinião! Ouse se preocupar com determinadas questões e causas e a falar abertamente sobre assuntos que são de seu interesse. Desafie a si mesma a sair da zona neutra; aprenda o suficiente para ter uma opinião própria. Torne você e a sua vida mais interessantes e empolgantes dizendo o que pensa abertamente, até mesmo a pessoas que talvez discordem de você. Apenas não se esqueça de ficar aberta ao aprendizado de novas idéias e a mudar sua opinião. Li uma vez um artigo que dizia que quanto mais velhos ficamos, mais estabelecidos se tornam nossos gostos. Aparentemente, depois dos 40, não temos a mesma propensão de nos apaixonar por um novo tipo de música ou uma nova marca de pasta de dente. Bem, eu ainda não cheguei lá, mas espero sinceramente não comprovar essa teoria! Viva, absorva, experimente, tenha opiniões e visões concretas, e desafie-se a ser receptiva a qualquer mudança, por mais teimosa que você seja. Divirta-se na vida!

Aprender sobre assuntos diferentes pode levar você a perceber que existem alguns temas que realmente são do seu interesse. Ser apaixonada por uma determinada causa parece realmente ótimo e acho que é absolutamente necessário viver uma vida significativa e enriquecedora. É fácil ficar presa a rotinas, mas lembre-se de que a vida é maior do que isso. Use a paixão para levá-la a assumir um papel ativo em sua causa favorita. Você pode entrar para uma organização que apóia a sua causa e revigorá-la com sua energia e compromisso renovador. Ou, se não encontrar uma organização assim, comece a sua. Isso parece assustador, mas você não será uma Mulher Ousada e audaciosa se não assumir esses desafios. Pense sobre o impacto que provocará, seja fiel à sua paixão pela causa e empenhe-se ao máximo. Se você realmente se preocupa com alguma coisa, encontrará um jeito de organizar as pessoas e promover a sua causa.

Eis uma história para inspirá-la:

Desde os 10 anos de idade, Emily Spivack testemunhava a batalha da mãe contra um câncer de mama recorrente. Ela inicialmente tentou ajudá-la cuidando de sua irmã caçula, fazendo as tarefas domésticas e se comportando bem, mas quando o câncer voltou, Emily decidiu que queria se envolver mais com a recuperação da mãe. Ela sabia que a mãe sempre se sentia melhor quando estava bonita e usava roupas confortáveis e estilosas. Por isso, Emily passou a ajudar a mãe a encontrar roupas confortáveis que a fizessem se sentir ótima depois da mastectomia e durante a quimioterapia. Ser capaz de ajudar a mãe inspirou Emily a iniciar uma organização, sem fins lucrativos, chamada Shop Well with You. Sua missão é ajudar pacientes que sobrevivem ao câncer a melhorar sua imagem e a ter um sentimento positivo em relação ao próprio corpo e à recuperação. Emily recebeu financiamento para começar a organização depois de vencer um concurso de planos de negócios da Brown University, onde se formou. Ela se mudou para Nova York e depois de meses de muito esforço e noites sem dormir, a Shop Well with You nasceu. A organização de Emily permitiu que a sua paixão por uma causa ajudasse milhares de mulheres. À medida que a organização cresce, sua missão e benefícios alcançam um número cada vez maior de pacientes em recuperação e os ajudarão a levar uma vida melhor. Que maneira incrivelmente gratificante para Emily exercer seu poder de Mulher Ousada! (Para saber mais sobre a Shop Well with You, visite o site www.shopwellwithyou.org).

IDÉIAS DA MULHER OUSADA PARA TOMAR PARTIDO

Exercite o seu cérebro e tome partido: veja os assuntos abaixo e decida qual é a sua posição em relação a cada um deles. Alguns talvez sejam intrigantes para você, outros podem ser insuportavelmente chatos, mas todos devem ser como um trampolim para fazê-la pensar sobre idéias e questões de seu interesse.

- **Política:** Você se considera uma pessoa liberal, moderada ou conservadora? Por quê?
- **Meio ambiente:** Você deixaria de freqüentar o seu restaurante preferido se descobrisse que ele não adota a prática de reciclagem?
- **Família/trabalho:** Você sacrificaria o tempo com a sua família para seguir uma carreira ou aceitar uma oportunidade que fosse atraente?
- **Religião:** Você acredita em Deus?
- **Pessoas:** Você acha que as pessoas são inerentemente boas ou más?
- **Liberdade:** Você está disposta a sacrificar algumas liberdades civis por maior segurança?
- **Patriotismo:** Você pagaria mais por um produto fabricado no seu próprio país ou compraria outro mais barato fabricado no exterior?
- **Homossexualidade:** Qual a sua opinião sobre casamento homossexual?
- **Pena de morte:** Você é a favor ou contra? Por quê?
- (Preencha a lacuna) é uma causa pela qual você é apaixonada.

ASSUMA O DESAFIO

Crie uma lista de idéias ou questões que despertam o seu interesse e ouse expressar suas opiniões em alto e bom som da próxima vez que surgir uma discussão relevante sobre alguns dos temas. Melhor ainda, concentre seus esforços: encontre uma organização dedicada a promover esta causa e associe-se, contribuindo com seu próprio vigor e energia.

_____
_____
_____
_____
_____

Não
tenha
medo

Você talvez seja sortuda e viva experiências extraordinárias e inacreditáveis simplesmente por acaso. Mas, na maior parte do tempo, é preciso coragem – e uma boa dose de fé – para viver uma vida empolgante e recompensadora. Uma Mulher Ousada não é a Mulher Maravilha; ela tem medo, fica nervosa e ansiosa na hora de fazer grandes mudanças ou correr atrás de sonhos totalmente novos. Mas ela confia em seus instintos e acredita na sua capacidade de aprender algo em todas as situações (mesmo que seja apenas para saber que ela nunca mais vai querer estar novamente em determinada situação). Ela abre os braços para a aventura e busca formas de recriar a própria vida quando está presa a um impasse. E se você precisa de mais inspiração para ser assim também – rápido, vire a página e continue lendo!

Ouse ignorar os pessimistas

OUSADIÔMETRO

Ousado   Ultra-Ousado   Ultra-Ousado e Audacioso

Se Rosa Parks tivesse feito uma votação antes de se sentar no ônibus em Montgomery, ela ainda estaria de pé.

MARY FRANCES BERRY,
ATIVISTA E EDUCADORA NORTE-AMERICANA

Há alguns anos, trabalhei com uma colega que era superinteligente. Sempre que eu falava com ela a respeito de algum projeto que me desafiava, ela vinha com uma abordagem diferente que eu não tinha considerado. Eu gostava de ouvir a opinião dela no trabalho, mas sempre terminava as nossas conversas me sentido estranhamente tola. Não conseguia entender o motivo até que um dia eu fui procurá-la com uma idéia para começar um negócio divertido. Eu estava realmente empolgada com o projeto, mas ela apresentou vários motivos pelos quais não daria certo. Tenho certeza de que muitos deles estavam corretos e seus argumentos foram, como sempre, muito inteligentes. Foi o seu tom que fez com que a mensagem parecesse uma gravação: "Não há como essa idéia boba funcionar!" Era como se ela tivesse descartado minha idéia assim que a ouviu.

De repente, eu me dei conta da situação: eu estava lidando com uma pessimista. Seu primeiro instinto quando ouvia a idéia ou o plano de alguém era encontrar defeitos ou formas de mostrar que não daria certo. Não importava se ela estava correta ou não – depois de conversar com essa colega, a última coisa que eu queria era dar continuidade a minha idéia de negócio. *Não* era assim que eu queria me sentir.

Depois desse incidente, decidi que eu estaria melhor se colocasse uma distância entre nós duas. Sou a favor de ouvir opiniões contrárias e acho que existe muito valor em obter várias opiniões sobre uma mesma questão ou idéia. No entanto, quando alguém a faz sentir desencorajada ou desestimulada com a sua atitude pessimista, então é hora de se afastar dessa pessoa. Costuma-se dar conselhos e compartilhar idéias de várias maneiras. Definitivamente, é possível encontrar quem o faça de forma positiva, construtiva e estimulante, inspirando você a seguir em frente, em vez de acabar com o seu entusiasmo e desencorajá-lo desde o início.

Ouse ignorar os pessimistas em sua vida! Você sabe quem são eles – todos temos amigos, conhecidos ou colegas de trabalho que sempre encontram uma forma de derrubar uma idéia ou encontrar defeitos em um plano ou sonho. Alguns fazem isso porque deixam que sua própria insegurança tome conta de sua vida; as pessoas que têm confiança em si mesmas e no que estão fazendo raramente desencorajam as demais de perseguir um ideal. É triste pensar que alguém pode querer sabotar o seu sucesso, mas isso acontece. Alguns pessimistas estão genuinamente tentando ajudar, sem perceber que esse tipo de atitude negativa contribui exatamente para o contrário. Não importa: se depois de falar com alguém, você se sentir desencorajada em vez de estimulada e energizada, afaste-se ou ignore a negatividade da mensagem dessa pessoa. Por quê? Porque:

- A vida é curta demais para ficar perto de pessoas que a colocam para baixo.
- Há uma boa possibilidade de que a pessimista esteja completamente equivocada.
- Se você realmente quer algo, vai encontrar uma forma de torná-lo realidade, mesmo que precise tentar centenas de vezes.
- As motivações das pessoas para dizer que a sua idéia ou plano não vai funcionar nem sempre são nobres; muitas são influenciadas pela inveja ou ambição.
- As chances de alcançar as suas metas e realizar seus sonhos são muito maiores se você se cercar de pessoas que queiram o seu sucesso e a ajudem com energia positiva e idéias construtivas.

Quando Mary Spio decidiu abandonar sua carreira de sucesso como cientista espacial para lançar uma revista para solteiros, todos acharam que ela tinha enlouquecido. Os parentes, amigos e colegas disseram que ela estava jogando seu futuro fora e ficaram desapontados com a escolha dela. Muitos acharam que ela tinha perdido completamente o juízo e virado literalmente uma cientista maluca. Mas Mary continuou com seu plano, determinada a alcançar seu objetivo. Depois de ter trabalhado em um projeto da Nasa que enviava sondas para o espaço em busca de vida inteligente, Mary percebeu que queria criar algo que ajudasse as pessoas a se conectar e a se comunicar aqui na Terra. Ao ouvir os pessimistas, Mary não se desestimulou: ela já teve que enfrentá-los antes, quando achava que queria ser cientista espacial. Ela tinha ignorado os pessimistas, primeiro se formando em uma escola dominada por homens, na qual, por acaso, usou o mesmo laboratório que Eileen Collins, a primeira mulher a comandar um ônibus espacial. E ela mais uma vez ignorou com sucesso os pessimistas. O que Mary acredita que a ajudou a fazer essa radical mudança profissional, correr atrás de seu sonho e lançar o que desde então tornou-se uma revista popular, chamada *One 2 One Living*, foi a convicção de que a única pessoa em quem ela podia realmente confiar para determinar se venceria ou não era em si própria. Ela não ignorou os conselhos e dicas que recebeu. Mas confiou em si mesma e em sua coragem acima de tudo: queria tornar o seu sonho realidade e estava disposta a tudo para consegui-lo. (Os frutos do trabalho de Mary estão no site da revista, www.one2onemag.com.)

Às vezes, você pode perder a confiança e a determinação se as pessoas em quem confia disserem que não tem condições de vencer. Você precisa ouvir seus instintos e usar o seu poder de Mulher Ousada para separar as críticas construtivas e úteis do pessimismo desencorajador. Se você se sentir bem sobre alguma coisa e ficar empolgada com a idéia de fazê-lo, esses são seus instintos falando, por isso, escute! Você é quem decide o que quer que aconteça em sua vida. Claro, seus esforços talvez não sejam recompensados de imediato (isso pode até mesmo demorar), mas você encontrará um caminho se esse for realmente o seu sonho. Peça licença aos pessimistas e procure pessoas que possam oferecer conselhos e apoio para ajudá-la a alcançar seus objetivos.

MOTIVOS DA MULHER OUSADA PARA IGNORAR OS PESSIMISTAS

- **Marilyn Monroe** teve seu contrato com a 20th Century Fox rescindido em 1947 porque o chefe de produção a achou pouco atraente.
- **Lucille Ball** foi informada de que não tinha talento para atuar e que era muito calada e tímida para ser uma atriz.
- **Katie Couric** foi informada pelo presidente da CNN que sua voz era irritante e aguda demais para ler as manchetes das notícias.
- Disseram a **Allison Janney** que, por causa de sua altura (ela tem 1,80m), não conseguiria ser bem-sucedida na tevê ou no cinema.
- **Ayn Rand** foi comunicada em 1943 que não haveria público para *A nascente* (*The Fountainhead*) e que o livro não venderia.
- *E o vento levou*, de **Margaret Mitchell**, foi rejeitado pelos editores 38 vezes.

ACEITE O DESAFIO

Liste alguns pessimistas que existem em sua vida e ouse ser forte o suficiente para ignorar sua atitude negativa ou passe menos tempo com eles.

_____
_____
_____
_____
_____
_____

Ouse fazer desvios em seu caminho

OUSADIÔMETRO

Ousado Ultra-Ousado Ultra-Ousado e Audacioso

*A aventura pode ser um fim em si mesma. A autodescoberta
é o ingrediente secreto que alimenta a ousadia.*

GRACE LICHTENSTEIN, ESCRITORA NORTE-AMERICANA

Defina metas. Saiba para onde vai na vida. Tenha uma direção.

Recebemos este conselho constantemente de nossos pais, professores, orientadores e de inúmeros livros e artigos de revistas de auto-ajuda. Em princípio, não tenho absolutamente nada contra essa afirmação. Sou uma pessoa orientada por metas que leva a sério esse tipo de conselho desde criança. Minhas metas e objetivos na vida mudaram muitas vezes, mas eu raramente fico sem eles. Só que eu estaria encrencada se não tivesse ousado fazer uns desvios nesse meu grandioso plano de vida. Eu nunca teria descoberto que escrever, e não seguir carreira como advogada, é o que me faz realmente feliz. Eu nunca teria sentido o medo e a excitação de largar um emprego seguro e bem remunerado para abrir minha própria empresa. Eu tremo em pensar como poderia ter sido a minha vida se eu tivesse seguido meus planos de longo prazo e não tivesse me permitido seguir meus interesses e instintos algumas vezes nos últimos anos.

Ouse fazer desvios em seu caminho! Quer você tenha um plano grandioso traçado para daqui a vinte anos ou sequer consiga planejar a semana, permita-se ter a liberdade de ter experiências que gostaria de ter, mas que não necessariamente se encaixam na direção-geral do seu futuro. Ao viver sua vida, você está constantemente aprendendo e mudando. Você deve a si mesma sair um pouco do caminho que está trilhando para ter certeza de que é algo que realmente a deixa feliz. Digamos que esteja pensando em voltar a estudar ou seguir uma nova carreira, então, dedique algum tempo para planejar como fazer isso sem virar sua vida completamente de cabeça para baixo. A beleza de um desvio é que, se quiser, sempre poderá voltar ao seu caminho original na vida. Pode voltar a estudar em meio expediente ou estabelecer redes de contatos e conduzir entrevistas em outro setor para ter uma idéia de como é trabalhar nesse campo. Se gostar do desvio, então terá mais confiança para mudar de vida e buscar a sua nova meta com pleno vigor – estudando em horário integral ou procurando emprego em um setor totalmente diferente.

Há alguns anos, eu queria contratar uma revisora para me ajudar na editora. Recebi um currículo que parecia bastante promissor, exceto por um motivo: a candidata para o emprego levou seis anos para concluir a faculdade. O seu currículo estava repleto de empregos impressionantes e ela parecia ser uma pessoa ambiciosa. Pelo telefone, ela me falou sobre sua experiência universitária e o motivo pelo qual levou seis anos para se formar. Acontece que ela trancou a matrícula durante dois anos para ajudar uma amiga a abrir uma empresa de sapatos. Ela nunca tinha pensando em trancar a faculdade, mas a amiga, que já tinha se formado, não queria esperar. Esta jovem divertiu-se tanto aprendendo a abrir um negócio que, quando se formou, decidiu procurar uma colocação em uma empresa pequena em vez de fazer pós-graduação. Ficou satisfeita com a chance e gratificada por ter tido coragem de fazer um desvio em seu plano de vida e explorar algo novo e não-familiar. (Nós a contratamos e ela fez um trabalho maravilhoso na editora.)

Fazer um desvio na vida é interessante e divertido, mas também é uma ótima maneira de descobrir se aquilo que você está tentando alcançar é realmente o que deseja da vida. Às vezes, precisamos nos afastar do que estamos fazendo para conseguirmos avaliar como nos sentimos e se queremos continuar seguindo em frente ou mudar. Por exemplo, o seu ambiente de trabalho altamente estruturado em uma grande empresa pode estar deixando você maluca (juntamente com seu chefe insuportável). Por isso, faça um desvio e torne-se consultora independente, conseguindo assim toda a liberdade do mundo e se tornando seu próprio chefe. Após alguns anos trabalhando noite e dia, fazendo de tudo, desde atrair clientes até trocar cartuchos de impressora, você decide que realmente prefere fazer parte de uma empresa, na qual pode centrar-se em realizar o seu trabalho sem se preocupar em pagar impostos sem fim ou em consertar o telefone. Se não tivesse feito um desvio, você talvez não tivesse se dado conta de que, embora algumas partes do seu trabalho sejam frustrantes, o mundo corporativo é realmente o lugar certo para você. Em outras palavras, fazer um desvio na vida pode ajudá-la a aproveitar a vida como ela é. E essa é uma sensação maravilhosa!

Às vezes, fazer um desvio no caminho pode ser exatamente a forma certa de alcançar os seus sonhos. Alexandra Allred queria ser escritora desde criança. Em determinado momento, ela escreveu alguns roteiros de filmes, mas não conseguiu muito sucesso com eles. Então, deixou o desejo de escrever de lado e tocou sua vida: foi para a faculdade, se casou, teve um filho. Um dia, ela estava assistindo a uma competição de trenó na neve na ESPN e esperava que a apresentação das mulheres se seguisse à dos homens. Por fim, percebeu que não havia mulheres competidoras. Não fazia sentido para ela, por isso ligou para a federação do esporte e perguntou por que não havia mulheres competindo. A resposta que ouviu era que este era um esporte muito perigoso para mulheres. Chocada, Alexandra pediu que a inscrevessem como candidata a praticar o esporte. Para sua surpresa, recebeu um telefonema um mês depois solicitando seu currículo esportivo. A única coisa que podia incluir nele era artes marciais, mas ela acabou sendo convidada para o acampamento de trenó na neve no Centro de Treinamento Olímpico. Sem qualquer experiência, ainda amamentando seu bebê e sem saber no que estava se metendo, Alexandra foi.

Isso sim é um desvio na vida – nunca, nem mesmo em seus mais loucos sonhos, Alexandra poderia imaginar que ela estaria treinando para participar de uma competição de trenó na neve. Ela nunca foi a melhor atleta, mas se esforçou muito e impressionou os treinadores com a sua atitude destemida. Acabou sendo convidada várias vezes para o centro de treinamento, cada vez voltando em melhor forma do que a anterior. Em 1992, Alexandra ganhou o campeonato nacional nos

EUA (finalmente, as mulheres foram aceitas nas competições) e foi considerada a Atleta do Ano pelo Comitê Olímpico norte-americano. E ela estava com quatro meses e meio de gravidez quando ganhou!

O sucesso nos esportes abriu muitas portas para Alexandra e ela usou esta oportunidade para correr atrás de sua paixão de longa data: escrever. Seu primeiro livro foi publicado em 1996, muitos anos e um desvio inesperado depois de ter colocado esse desejo de se tornar escritora de lado. Ela agora tem mais de 12 livros publicados, muitos dos quais sobre esportes. Recentemente, ela foi convidada pela revista *Sports Illustrated* para tentar jogar na equipe de futebol feminino e depois escrever sobre isso. Será que ela topou? Nem precisa perguntar! Como uma verdadeira Mulher Ousada, Alexandra aprendeu uma lição extraordinária a partir de suas experiências: "Como estou disposta a tentar coisas novas, mesmo algo completamente fora do meu domínio de conhecimento, estou sempre vivendo um sonho!"

Fazer desvios em seu plano de vida certamente não é para os fracos de espírito. Você estará explorando territórios desconhecidos, sua família e amigos lhe lançarão olhares estranhos ou se preocuparão com você e, como não está seguindo um plano detalhado, existe a possibilidade de se perder. É aí que precisa reunir o poder da Mulher Ousada que existe em você e procurar um caminho. Nunca se sabe onde o desvio poderá levá-la. Por exemplo, você pode estudar o mercado de spas e descobrir que este é um ramo em que realmente gostaria de atuar, ou talvez perceba que ir para um spa de vez em quando satisfaz a sua curiosidade pelo negócio. No entanto, se não fizer o desvio, você nunca saberá, e ficar sem saber o que a entusiasma na vida não é uma opção para uma Mulher Ousada.

BÚSSOLA DE DESVIOS NA VIDA DA MULHER OUSADA

Use este guia rápido para descobrir que desvios na vida você ousa perseguir e para onde gostaria de ir quando os fizer.

1. Anote três coisas que sempre tentou fazer, mas que não se encaixam no seu atual plano de vida.
2. Em uma escala de 1 a 3, classifique até que ponto deseja alcançar cada uma delas (1 – menos; 3 – mais).
3. Agora classifique, em uma escala de 1 a 3, o grau de dificuldade em alcançar cada meta (1 – mais difícil; 3 – menos difícil).
4. Escolha um desvio na vida que tenha a maior classificação combinada na sua escala simplificada (para cada, some o primeiro colocado ao segundo). Isso permitirá que você equilibre o desejo de fazer determinado desvio com o desafio de assumi-lo nesse momento de sua vida.
5. Anote três medidas específicas que precisa adotar para embarcar no seu desvio.
6. Ouse ir atrás de seu desvio e, ao fazê-lo, consulte a bússola de desvios periodicamente e anote o que gosta e o que não gosta a respeito de sua nova experiência.
7. Dedique algum tempo pensando se você gostaria de fazer com que esse desvio fosse parte da sua vida ou se está satisfeita em embarcar nele apenas de vez em quando.
8. Se decidir que deseja transformar esse desvio no principal caminho de sua vida, ouse criar um plano para trilhá-lo, e use a sua coragem e força de Mulher Ousada para conquistar o sucesso.

ACEITE O DESAFIO

Dedique algum tempo pensando qual é o caminho que a sua vida está seguindo e que desvios você gostaria de explorar. Ouse assumir pelo menos um deles assim que possível; nunca se sabe onde ele poderá levá-lo.

_____
_____
_____
_____
_____
_____

Ouse assumir riscos, se for capaz de conviver com a pior das hipóteses

OUSADIÔMETRO

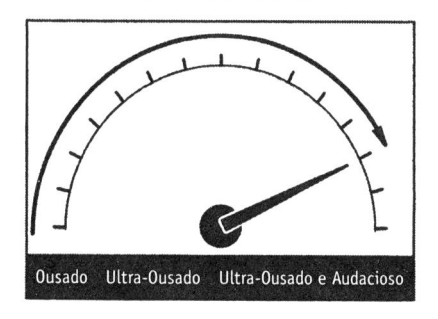

| Ousado | Ultra-Ousado | Ultra-Ousado e Audacioso |

> *Se você não arriscar nunca, coloca tudo em risco.*
>
> GEENA DAVIS, ATRIZ

Vários meses depois que eu e meu marido decidimos começar nossa editora em nosso apartamento de quarto e sala, recebemos nossa primeira dose de realidade: ia ser muito mais difícil do que imaginávamos. Nossos números de vendas foram menores do que o esperado, nossas despesas foram muito maiores e tínhamos que decidir se continuávamos ou se acabávamos tomando o prejuízo e desistíamos. Se continuássemos, arriscaríamos perder todas as nossas economias, usadas para abrir a empresa. Se desistíssemos, protegeríamos nossas economias (o dinheiro ainda estava no banco), mas estaríamos abrindo mão do sonho de ter nossa própria empresa. Entretanto, mesmo se fracassássemos, sabíamos que tínhamos seguido a nossa paixão, nos dedicado ao máximo e aprendido coisas maravilhosas nesse trajeto. Pensamos em qual seria a pior hipótese e sabíamos que, embora fosse doloroso, teríamos condições de sobreviver a ela. Perceber isso nos permitiu tomar a decisão de forma mais clara, mas não menos difícil: tínhamos de assumir o risco e seguir em frente.

Ouse assumir riscos, se for capaz de conviver com a pior das hipóteses! É sempre difícil saber qual será a pior hipótese, mas você provavelmente consegue imaginar:

- Você não consegue o emprego.
- O seu negócio não dá certo.
- Só cinco clientes aparecem em sua nova padaria.
- Os críticos arrasam com o seu livro.
- O carinha que você convida para sair recusa o seu convite.
- Você não suporta o cara que a convidou para sair.

A princípio, a pior hipótese para cada risco que você está considerando assumir pode parecer terrível e não algo com o qual possa conviver. Mas, exceto por algumas situações graves na vida, a maioria dos casos listados como "pior hipótese" só são insuportáveis durante um curto período de tempo, após o qual você sempre encontrará formas de superá-los e aprender algo com isso. Considere, por exemplo, as piores hipóteses acima e as maneiras com que poderia superar cada uma delas muito bem:

– Você não consegue o emprego.	Você ainda está no emprego antigo e pode procurar outro. Depois de procurar nos classificados on-line, você descobre uma vaga que é ainda melhor do que a anterior.
– O seu negócio não deu certo.	Você ganhou experiência de vida que agora pode usar no seu trabalho em outra empresa ou para tornar o seu próximo empreendimento um sucesso.
– Só cinco clientes aparecem em sua nova padaria.	Você convida todos os seus parentes e amigos para uma sobremesa gratuita e faz um *brainstorm* de idéias criativas para divulgar seus maravilhosos biscoitos com gotas de chocolate.
– Os críticos arrasam com o seu livro.	Você percebe que muitos autores de sucesso também foram arrasados pela crítica em algum momento na vida e começa a trabalhar em seu próximo livro.
– O carinha que você convida para sair recusa o seu convite.	Você fica um pouquinho chateada mas depois usa o dinheiro do jantar para levar sua melhor amiga para uma noitada só de meninas, o que acaba sendo incrivelmente divertido.
– Você não suporta o cara que a convidou para sair.	Você sobrevive ao encontro, aluga seu filme favorito no caminho de casa e acaba com as vibrações negativas do sujeito comendo muita pipoca.

Na maioria das vezes, é possível sobreviver à pior das hipóteses. Saiba que elas existem, mas não deixe que se tornem uma idéia fixa. Se existe algo na vida que você realmente deseja alcançar, por mais desafiador, improvável ou difícil que possa parecer, ouse ir atrás disso. Lute por aquele emprego impossível, escreva o próximo grande romance, mude seu visual, qualquer coisa, desde que queira muito. Só vivemos uma vez – se não fizer isso agora, quando será?

Assumir riscos é difícil, assustador, incerto e, às vezes, uma jornada muito solitária. Nem sempre é divertido, nunca é fácil e você só deve fazê-lo se realmente deseja muito alcançar determinado objetivo. Se esse for o caso, então, encontrará a energia necessária para seguir em frente, conquistar o seu objetivo e encontrar pessoas que a apoiarão.

Se a idéia de assumir um risco ainda for muito assustadora, dedique algum tempo pensando sobre as conseqüências de não assumi-lo. Você vai olhar para trás e desejar ter tido a coragem de fazê-lo? Você sentirá que acabou abrindo mão do que realmente deseja? Você se afogará em um oceano de "eu poderia/deveria ter feito isso ou aquilo"? Pense nisso e você talvez perceba que assumir um risco e fracassar é mais inspirador do que ficar em cima do muro.

MULHERES OUSADAS QUE ARRISCARAM

- **Cameron Tuttle** largou o emprego, embarcou em uma viagem de 160.000km e a usou como inspiração para escrever seu best seller, *The Bad Girl's Guide to the Open Road*, que deu origem à próspera marca Bad Girl.
- **Dineh Mohajer**, insatisfeita com os esmaltes que encontrava nas prateleiras, começou a fabricar esmaltes em casa e logo administrava sua própria empresa de cosméticos, a Hard Candy.
- **Ellen DeGeneres** saiu do armário em rede nacional nos Estados Unidos e, ao revelar ser lésbica, colocou em risco sua reputação e perspectivas de trabalho futuro. Seu humor continua o mesmo, assim como o seu talk show incrivelmente popular.
- **Meg Whitman** aceitou o cargo de CEO da eBay, que talvez seja a mais bem-sucedida das empresas de Internet, no auge de seu sucesso. Desde que assumiu o cargo, a empresa vem crescendo todos os anos.
- **Oprah** decidiu correr atrás de sua paixão e se tornar âncora de tevê em uma época em que poucos negros (homens ou mulheres) tinham essa oportunidade. Seu programa diário é campeão de audiência há anos e ela agora está à frente de um império de mídia multi-mega-milio-godzilionário, incluindo uma das revistas de maior sucesso de todos os tempos.

ACEITE O DESAFIO

Escolha um risco que você está considerando assumir e anote os piores resultados possíveis. Para cada situação hipotética, liste algumas formas de lidar com o problema. Depois disso, respire fundo, confie em si mesma e ouse assumir o risco!

_____
_____
_____
_____
_____
_____

Ouse se divertir com a hipótese mais impressionante

OUSADIÔMETRO

Ousado   Ultra-Ousado   Ultra-Ousado e Audacioso

Existem momentos em que a vida surpreende,
e tudo pode acontecer, até mesmo nossos sonhos.
ELLEN GLASGOW, ROMANCISTA NORTE-AMERICANA

Na faculdade, minha melhor amiga e eu costumávamos ficar horas falando sobre tudo que iríamos fazer em nossas vidas. Ficávamos muito entusiasmadas com o futuro e não tínhamos dúvidas de que seríamos capazes de realizar todos os nossos sonhos. Talvez fôssemos ingênuas e bobinhas. Mas, mesmo naquela época, sabíamos como muitos dos nossos planos eram difíceis e muito improváveis; ainda assim, simplesmente não nos importávamos: imaginar situações fantásticas para as nossas vidas era uma fonte de grande energia, empolgação e otimismo.

Depois da formatura, minha amiga e eu acabamos em lados opostos do país e mal conseguíamos nos ver. Talvez por causa da distância, paramos de ter as conversas sobre nosso futuro grandioso. Sinto falta delas e da empolgação natural que sentia. Hoje, estou sozinha quando se trata de esquecer um pouco a realidade e mergulhar em sonhos profundos, incríveis e até mesmo improváveis sobre o futuro. Para mim, ficar empolgada com o que estou fazendo e com o potencial para o sucesso é como uma droga – me dá uma tremenda onda que me ajuda a superar obstáculos e os desafios à medida que busco alcançar minhas metas na vida.

Ouse se divertir com a hipótese mais impressionante! Sempre que estiver trabalhando em algo importante para você ou sempre que estiver tentando realizar um de seus sonhos ou metas, solte sua imaginação e pense nas melhores possibilidades para o seu futuro. Não se preocupe em ser realista ou sensata – muitas de nós somos realistas e sensatas demais, muitas vezes esquecendo dos sonhos mais loucos e acreditando que podemos torná-los realidade assim. Se você está fazendo testes para um papel, acredite que você vai encantar o diretor com o seu desempenho. Se estiver entrando em um concurso ou competição, imagine que você está se superando e ganhando o prêmio máximo. Se estiver inaugurando uma exposição ou apresentação, imagine que será um estrondoso sucesso, com os principais críticos brigando para ver quem vai ser o primeiro a entrevistá-la. O que quer que faça, não deixe por menos – você precisa mirar alto para ter alguma chance de acertar. E, se você não conseguir se imaginar realizando seus sonhos com sucesso, quem conseguirá?

Ao longo do seu caminho para alcançar seus sonhos e metas, haverá desafios e surpresas desagradáveis que você não poderia ter previsto no início. Você ficará assustada, se sentirá exasperada e terá dias em que duvidará da própria capacidade. Se tiver sorte, terá o apoio e o encorajamento da família e dos amigos, mas nenhum estímulo pode se comparar com a sua própria crença em si mesma. A energia que recebe ao pensar no melhor resultado possível é o impulso de que precisa para ajudá-la a superar as barreiras na longa estrada até realizar seus sonhos.

Se pretende realizar seus sonhos, deve ser porque você acredita neles e está disposta a se empenhar muito para atingi-los. Quaisquer obstáculos que encontrar pelo caminho, certifique-se de que não foram criados por você mesma por não acreditar no melhor resultado possível. Antes de vencer, você precisa imaginar-se vencendo e acreditar nessa imagem.

Você talvez imagine que, sendo otimista, a possibilidade de decepção é maior. O que acontece quando se esforça ao máximo e ainda assim está longe do ótimo resultado que imaginou alcançar? Provavelmente vai se sentir desapontada, o que é perfeitamente normal. Embora a decepção não seja divertida, não é tão ruim quanto pensar que deveria ter sonhado mais alto e conquistado mais ou imaginar o que teria acontecido se tivesse seguido outro caminho.

Ninguém consegue oferecer a receita exata que vai garantir a realização dos seus sonhos. Quaisquer que sejam os ingredientes escolhidos – trabalho, persistência, paciência – sempre agregue a imaginação e a crença de que o melhor possível vai acontecer. Você deve isso a si mesma!

VOCABULÁRIO DE SUCESSO DA MULHER OUSADA

Aqui está uma lista inicial de palavras para usar ao descrever as metas e os sonhos que deseja realizar. Não ouse correr atrás dos seus sonhos sem elas.

- Maravilhoso
- Maior do que a própria vida
- Formidável
- Impressionante
- Sensacional
- Fabuloso
- Extraordinário

- Incrível
- Grandioso
- Espetacular
- De tirar o fôlego
- Fantástico
- Ótimo
- Magnífico

ACEITE O DESAFIO

Pense em uma de suas metas na vida e ouse imaginar a maneira mais incrível de alcançá-la. Anote-a e use-a como uma forma de fazê-la acreditar na sua capacidade de Mulher Ousada de superar todas as adversidades e realizar seus mais ambiciosos sonhos.

_____

_____

_____

_____

_____

Ouse se desintimidar

OUSADIÔMETRO

Ousado — Ultra-Ousado — Ultra-Ousado e Audacioso

*A vida encolhe ou se expande na medida
da nossa coragem.*

ANAÏS NIN, ROMANCISTA

Quando minha agente ligou para dizer que uma editora de Nova York queria me conhecer porque estava interessada em meu livro (sim, este livro que você está lendo agora), dei um pulo tão grande que quase furei o teto. Só que assim que recuperei o fôlego e comecei a pensar sobre a reunião em si, fiquei nervosa. Quanto mais pensava no assunto, mais motivos surgiam para a editora não querer publicar meu livro. Depois de alguns dias, deixei me intimidar por um estado de nervosismo completo.

Sabia que não poderia entrar na reunião me sentindo derrotada – tinha de entrar confiante, com toda a minha força e dinamismo. Por isso, parti para me desintimidar. Gosto de analisar tudo nos mínimos detalhes, por isso fiz uma lista de todos os motivos pelos quais pensei que a editora não compraria meu livro. Ao lado de cada motivo, escrevi um contra-argumento que eu poderia apresentar, caso o assunto surgisse durante a conversa. Eis um exemplo:

Intimidador	**Não-Intimidador**
Sou uma escritora de primeira viagem.	Embora nunca tenha escrito um livro, tenho muita experiência em escrever artigos e colunas. Já editei e reescrevi todos os livros publicados pela minha empresa.
Não tenho uma base sobre a qual me apoiar para promover meu livro.	Embora não tenha uma base estabelecida, entendo a importância de promover a obra por meio de todos os canais possíveis. Sou uma trabalhadora incansável e tenho paixão pelo meu livro, por isso me comprometo a criar uma base junto com a editora.

Não posso dizer que depois que terminei a lista fiquei calma – isso seria uma grande mentira! Mas, assim que levantei as possíveis objeções que a editora poderia ter e preparei ótimos argumentos para rebatê-los, certamente me senti mais confiante.

A reunião foi muito boa. Eles levantaram algumas questões que eu havia imaginado, mas também conversamos sobre muitos outros tópicos, como, por exemplo, quem eu achava que realmente gostaria de ler este livro e o que me motivou a escrevê-lo. Percebi que, se eu tivesse chegado àquela reunião intimidada e nervosa, teria corrido o risco de sair de lá não tão confiante, carismática e forte. E essa própria falta de confiança, em vez de todas as minhas preocupações, poderiam ter estragado o acordo.

Ouse se desintimidar! É fácil se intimidar ao enfrentar uma situação difícil, uma reunião importante ou uma tarefa com a qual nunca lidou antes. Mas somos mais fortes do que as nossas reações naturais e temos um tremendo poder de nos desintimidar. O primeiro e provavelmente o mais importante passo nessa direção é acreditar que conseguirá dominar seus nervos. Assim que fizer isso, estará no caminho certo. Sugiro que você faça uma lista de todos os motivos pelos quais se sente intimidada e pense sobre cada um deles: em que argumentos ou pontos você pode pensar para superá-los? Isso pode exigir alguma criatividade, mas você é uma Mulher Ousada! Depois de levantar seus contra-argumentos, absorva-os por uns momentos. Eles só funcionarão se você acreditar neles.

Lembre-se de que quando aparece uma oportunidade – de ser entrevistada para ocupar um alto cargo, apresentar uma nova idéia para um cliente, fazer uma apresentação perante uma platéia –, existe alguém que acredita que você irá conseguir. O truque é se convencer de que pode fazer isso. Se não conseguir se livrar inteiramente de sua ansiedade, tente visualizá-la como estando em uma parte remota e difícil de alcançar dentro do seu cérebro. Se conseguir fazer isso, então terá feito com que seu verdadeiro eu entre em cena com força e confiança; esse tipo de atitude é mais poderoso do que qualquer outro para ajudá-la a mover montanhas e vencer.

Percebo que, quanto mais quero alguma coisa, mais me envolvo emocionalmente com ela e mais difícil é lutar contra meus nervos. Espere ser intimidada e ficar nervosa, não se culpe por esses sentimentos e use o seu poder de Mulher Ousada para se desinibir. Nunca se esqueça de que as suas emoções estão sob seu controle.

Se discutir consigo mesma não é seu estilo, desafio você a dominar tudo que a intimida de uma maneira mais radical e direta. Em vez de analisar cada situação ou ação que a intimida, reúna toda a coragem e força da Mulher Ousada que existe em você e encare a situação. Reconheça que está intimidada e enfrente o medo, aceite que é assim que você se sente e vá em frente. Mais do que isso, deliberadamente procure situações que normalmente a intimidariam. Se, por exemplo, você prefere fazer um tratamento de canal em vez de falar diante de um grupo grande de pessoas, seja voluntária para fazer a próxima apresentação ao seu cliente no trabalho. Sim, seus joelhos vão tremer, suas mãos vão suar, seu coração vai querer saltar pela boca, e provavelmente você se culpará por decidir fazer isso. Mas aposto que, quanto mais você enfrentar o que a intimida, mais confiante se sentirá. Você começará a perceber que é mais forte do que seus medos.

Foi isso que aconteceu com Patricia Baronowski quando ela finalmente decidiu dominar seu medo de altura. Embora vivesse uma vida ousada em todos os aspectos, Patricia sempre se sentiu consumida pelo medo. Por isso, um dia ela decidiu fazer algo a respeito – praticar queda livre. Isso sim é confrontar os próprios medos de forma radical! Mas Patricia achou que tinha de fazê-lo. Se ela conseguisse pular em queda livre, então ficar em cima de uma escada alta nunca seria um problema. Por isso, ela literalmente embarcou nessa e partiu para um vôo duplo. Qual foi o resultado? Não só ela conseguiu superar o medo de altura, mas se apaixonou pelo esporte e se tornou praticante licenciada, com 258 saltos até hoje. Depois disso, soube que poderia conquistar tudo na vida!

A vida é doce demais para que você deixe de aproveitá-la simplesmente porque fica nervosa. Reconheça o que a intimida, enfrente as situações da melhor maneira possível e sinta o inenarrável prazer da superação.

> **FATORES DE INTIMIDAÇÃO PROIBIDOS PARA A MULHER OUSADA**
>
> - Nunca vou conseguir fazer isso.
> - Se tentar e não der certo, ficarei ainda mais intimidada da próxima vez.
> - E se o editor/chefe/investidor/crítico não gostar do meu trabalho?
> - Estou muito assustada para fazer isso agora, por isso vou adiar o projeto.
> - Nunca fiz nada parecido antes.
> - Meus amigos não acham que sou capaz disso.
> - Não sou esperta/forte/experiente o suficiente para vencer.

ACEITE O DESAFIO

Anote três ações ou situações que a intimidam e crie um pequeno plano para enfrentar cada uma e tentar se libertar delas.

_____
_____
_____
_____
_____
_____

Essa é
a sua vida
ousada

Uma Mulher Ousada sabe que precisa VIVER todos os dias de sua vida e não desperdiçá-la em meio a rotinas, preocupações ou receio de ir além de seus limites. Melhor ainda, sabe que cabe a ela viver a vida da forma mais interessante, proveitosa e agradável. Isso pode significar assumir riscos, acabar com hábitos incômodos, esquecer sua idade, ou em que ela é boa ou ruim. Ou então, pode significar algo completamente diferente. Continue lendo sobre mais algumas idéias a respeito de como estruturar sua vida para garantir que está aproveitando ao máximo todas as possibilidades.

Ouse fazer de vez em quando algo em que você acha que não é boa

OUSADIÔMETRO

Ousado | Ultra-Ousado | Ultra-Ousado e Audacioso

Você deve fazer aquilo que imagina não ser capaz.

ELEANOR ROOSEVELT, EX-PRIMEIRA-DAMA DOS EUA

Desde a época da escola, deixei de viajar com minha família e amigos para *resorts* de esqui porque não sabia esquiar. Bem, eu tentei uma vez e foi terrível, por isso decidi que viveria sem enfrentar novamente o ridículo de descer a montanha sentada em vez de esquiando.

Parece idiota, não é? Concordo. Meu consolo é que depois desse tempo todo, finalmente superei meu medo e fui esquiar, decidindo prestar mais atenção em aprender a técnica do que no ridículo que passaria se caísse do teleférico. Fiquei exultante e, embora estivesse coberta de neve e arranhões no final de um dia repleto de quedas, agora consigo descer a montanha inteira (desde que ela não seja muito íngreme, é claro).

Ouse fazer de vez em quando algo em que você acha que não é boa! Você pode tentar e achar que é mais difícil do que tinha imaginado de início. E daí? Pode não haver nada de divertido em ser terrível em algo e se sentir uma tola, mas é muito pior perder a diversão e as interessantes e possivelmente transformadoras experiências da vida. Mesmo que você não seja boa em alguma atividade, talvez se dê conta de que gosta dela e que quer torná-la parte de sua vida; às vezes, é preciso dizer à perfeccionista que existe em você para tirar uma folga e se divertir! Evidentemente, sempre existe a chance de você tentar algo e dominar de primeira – pense em como você vai rir de si mesma por não ter tentado antes. Independentemente de qualquer coisa, eu garanto o seguinte: se você ousar dominar seu medo de fazer algo que acha impossível, a sua vida será muito mais emocionante e divertida. E o que poderia ser melhor do que isso?

Você acha que não pode aprender a tricotar porque da vez que tentou foi um desastre? Faça um curso para principiantes e veja se consegue conquistar o mundo do tricô. Andar de patins parece divertido, mas quando você tentou, passou mais tempo no chão do que em pé? Encontre um instrutor legal, use protetores especiais para não se machucar e tente novamente. Você se interessa por ioga mas mal consegue encostar as mãos nos pés e da última vez que se alongou foi para pegar o controle remoto? Alugue um vídeo de ioga e tente em casa, sem ninguém por perto, ou assista à uma aula (e fique no fundo da sala). Se realmente quiser, você *pode* aprender quase tudo. O segredo é:

1. Pare de dizer a si mesma que não consegue.
2. Ignore o que as outras pessoas podem pensar a seu respeito.
3. Imagine que você será ótima naquilo que está prestes a aprender.
4. Vá em frente – dê o pontapé inicial e embarque nessa! Quanto mais esperar, mais tempo terá para se intimidar e isso vai contra o primeiro item desta lista.

Uma amiga sempre quis aprender a dançar salsa, mas toda vez que ia tentar, desistia na última hora. Parecia difícil e complicado demais, e ela não achou que conseguiria dançar sem causar boas risadas ao redor. Cerca de um ano atrás, ela estava mudando de emprego e descobriu que tinha algumas semanas de folga. Foi perto do início do ano e ela decidiu que em vez de fazer outra resolução de Ano-novo sobre aprender salsa, ela simplesmente iria tentar. Fez algumas aulas, praticou sozinha e alguns meses depois seguiu sua paixão até a América Latina, onde passou semanas dominando a arte da salsa. No final das contas, minha amiga levava bastante jeito para a dança e esta se tornou uma de suas verdadeiras paixões. Mesmo se não tivesse conseguido dominar a salsa, encontrar coragem para experimentar algo que achava que não conseguiria fazer aumentou sua confiança e lhe deu força para tentar centenas de outras coisas.

Tenha senso de humor, permita-se não ser ótima em tudo o que faz e a vida será muito mais empolgante!

IDÉIAS DA MULHER OUSADA PARA
"EU POSSO NÃO SER BOA NISSO MAS QUERO TENTAR"

- Faça um curso de dança completamente diferente dos que já fez antes.
- Escreva um poema, conto ou novela.
- Treine para uma corrida de 5 ou 10km, ou para uma maratona.
- Seja voluntária para liderar um projeto difícil no trabalho.
- Cante em um karaokê – bem alto, com coragem e gosto.
- Faça um bolo do nada – sem receita.
- Fale sobre seus sentimentos e objetivos na vida.
- Aprenda a patinar/esquiar/pintar/tricotar/cozinhar.
- Projete e decore um cômodo de seu apartamento.

ACEITE O DESAFIO

Anote algumas idéias que desafiarão você a tentar, embora você talvez seja péssima nelas ou não saiba como realizá-las.

_____
_____
_____
_____
_____
_____

Ouse organizar sua vida (pelo menos) uma vez por ano

OUSADIÔMETRO

| Ousado | Ultra-Ousado | Ultra-Ousado e Audacioso |

Sempre achei maravilhoso guardar coisas aos longos dos anos, mas também é maravilhoso poder se desfazer delas. É como exalar.

HELEN HAYES, ATRIZ NORTE-AMERICANA

Confissão: sou maníaca por arrumação. Gosto de ter minhas coisas bem organizadas em casa e no trabalho e, embora ainda não tenha usado etiquetas para identificar meus temperos e potes de cozinha, certamente já fiquei tentada a fazê-lo. Talvez seja inato, mas também gosto da organização porque permite que eu me concentre no que realmente quero fazer e nas coisas que realmente gosto. Em vez de passar uma hora tentando encontrar a última versão do meu livro toda vez que quero trabalhar nele, eu gasto uma hora organizando todos os meus arquivos e depois tenho o restante do tempo para realmente escrever meu livro.

Em minha busca por organização, o acúmulo de objetos é meu pior inimigo. Moramos em um apartamento pequeno e não custa muito parecer lotado. Eu sempre tento me livrar do que não preciso e incentivo meu marido fazer o mesmo. Só que as coisas se acumulam apesar dos meus esforços: revistas, jornais, os mais diversos tipos de bugigangas, lembranças de viagens e aniversários – esse tipo de coisa. Por isso, algumas vezes por ano, passo o dia esvaziando gavetas e armários. Percorro a casa e me forço a jogar fora itens para os quais não vejo utilidade alguma. Nem sempre é fácil: a camiseta maneira que comprei no ano passado e que só usei uma vez ainda está boa, mas será que vou usá-la de novo? Se a resposta envolver qualquer tipo de hesitação de minha parte, lá se vai esse artigo específico (de preferência, para um brechó). Arrumar nosso apartamento me faz sentir renovada, de alma lavada e calma.

Algum tempo atrás, percebi que sou muito boa em me livrar de qualquer objeto, mas muitas vezes ignoro a carga emocional ou mental que deixo acumular e isso acaba me fazendo mal. É comum, por exemplo, ter algumas conversas tensas com amigas ao telefone e depois deixar a negatividade se acumular em vez de fazer alguma coisa a respeito. Ou fico cozinhando um assunto meses a fio sem tomar resolução alguma e sem fazer nada para parar de me preocupar. Esse peso emocional (carga, ônus, acúmulo, qualquer que seja o nome) é muito mais difícil de limpar do que jogar fora alguns pares de sapatos velhos. Tento não me acovardar diante do assunto e, embora não possa dizer que tenho cem por cento de sucesso, isso me ajuda a viver minha vida com uma mente mais limpa

Ouse organizar sua vida (pelo menos) uma vez por ano! Separe algumas horas e se organize para lidar com cada item excessivo que encontrar em sua casa. Você se sentirá renovada, organizada, de alma lavada e sob controle de sua vida em vez de se sentir prisioneira, acredite.

Como primeiro passo, libere sua área de estar e de trabalho. Abra armários, gavetas, escaninhos e caixas para se livrar de qualquer artigo que se enquadrar nos seguintes critérios:

- Você não sabe o que aquele objeto é ou o que ele faz;
- Você não se lembra da última vez que o usou ou olhou para ele;
- Você se esforça imaginando quando vai usá-lo ou pegá-lo novamente, mas não consegue;
- Você tem mais de um igual mas só se lembra de ter usado um deles.

Não tenha dó nem piedade. Esse acúmulo de objetos desnecessários pode enganá-la apelando para sentimentos nostálgicos ou saudosistas: por exemplo, "Eu nunca uso esses brincos medonhos, mas eles foram comprados no mesmo ano em que conheci meu marido." Tudo bem, alguns objetos têm valor sentimental e você vai querer guardá-los para sempre. Simplesmente não aplique essa definição de forma muito abrangente. Você também verá que é útil organizar os objetos que decidir manter. Arquivos são uma ótima maneira para organizar papéis soltos, receitas, declarações de renda passadas e assim por diante. Se realmente precisar manter todas as suas fotos antigas, mas não quer ter o trabalho de organizá-las em álbuns de fotos, procure sua papelaria preferida hoje mesmo e compre pequenas caixas organizadoras onde é possível manter as fotos arrumadas. Etiquete cada onde é possível manter as fotos arrumadas. Etiquete cada pasta no arquivo e cada caixa para saber o que elas contêm. Esses pequenos passos parecem triviais, mas pode acreditar que ver uma pilha de caixas rotuladas em vez de muitas pilhas de fotos totalmente desorganizadas pode fazer maravilhas para seu equilíbrio mental.

Agora que você já liberou espaço físico, é hora do segundo passo: livrar-se de sua carga mental. Comece com uma xícara ou copo de uma bebida que você gosta, sente-se e pense no que está deixando você mal. Quanto mais sincera for consigo mesma, mais peso conseguirá aliviar da sua mente. Sugiro fazer uma lista rápida – anotar as coisas faz com que seja difícil continuar a evitá-las. Em seguida, separe um pequeno período de tempo durante o qual tentará lidar com cada item da sua lista. "Na próxima terça-feira, vou ligar para minha irmã e fazer as pazes depois daquela briga terrível que tivemos." Isso é bem melhor do que "um dia desses eu ligo para a minha irmã". Siga a ordem e os prazos definidos na lista e, ao livrar-se de cada item, risque-o. Você sentirá uma incrível mistura de alívio e energia, e liberará sua mente para se concentrar em coisas mais positivas, produtivas e divertidas. Acredite em mim: os benefícios são intermináveis!

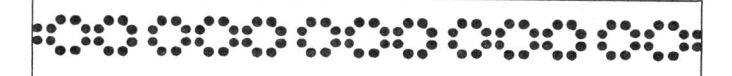

LISTA DE "FAXINA" DA MULHER OUSADA

ITENS FÍSICOS

- Revistas, livros, jornais, receitas, programas de peças de teatro, cardápios velhos

- Roupas, jóias, casacos e sapatos velhos

- Objetos, lembranças, souvenirs velhos

- Pratos e louças inúteis, temperos e comidas que você não reconhece

ITENS EMOCIONAIS

- O que está sempre preocupando você

- Conflitos que precisa resolver

- Decisões que precisa tomar

- Planos que precisa finalizar

ACEITE O DESAFIO

Pegue um calendário. Escolha uma data para ser o primeiro dia de "faxina" em sua vida. Anote-o e não o perca de vista. Quando chegar o dia, faça uma lista de itens físicos e emocionais que você gostaria de eliminar de sua vida e ouse acabar com eles com todas as suas forças!

_____
_____
_____
_____
_____

Ouse primeiro embarcar no trem para depois perguntar o seu destino

OUSADIÔMETRO

Ousado Ultra-Ousado Ultra-Ousado e Audacioso

Um dos meus pontos fortes é seguir com minha vida quando ela dá uma guinada. Acho que precisamos estar abertos para um acidente feliz.

SUSAN SARANDON, ATRIZ NORTE-AMERICANA

Eu costumava pensar que a vida seria ótima se, de algum modo, eu pudesse ver o futuro e saber onde cada passo que estou seguindo hoje vai me levar. Por exemplo, se eu aceitar este emprego hoje, então, daqui a dois anos serei promovida; em cinco anos, serei realmente a manda-chuva e, em dez anos, finalmente terei um trabalho que amo, com muita responsabilidade, flexibilidade, tarefas interessantes e, é claro, um polpudo contracheque.

Ou, se aceitar este emprego hoje, acabarei sem saída, com um chefe insensível e nenhuma oportunidade de crescimento.

De qualquer modo, eu saberia se vale a pena ou não aceitar determinada oportunidade e não desperdiçaria meu tempo em situações que não tivessem um ótimo resultado.

Tenho sorte de que essa janela mágica pela qual seria possível ver minha vida no futuro não existe (e, se ela existir, não quero saber como encontrá-la). Não poderia pensar em uma maneira mais não-ousada e perigosamente limitante de viver do que fazer apenas as coisas que sei que terão um resultado específico. Eu perderia muitas oportunidades incríveis de aprender, crescer e simplesmente experimentar as inúmeras facetas da vida, mesmo se o resultado final estiver longe do que queria ou sonhava. Nunca experimentaria o orgulho de me esforçar para conseguir algo que realmente queria, mesmo se meus esforços não tivessem o resultado esperado. E eu nunca descobriria coisas a meu respeito que só aprendemos quando enfrentamos dificuldades, situações imprevisíveis ou o fracasso. Só a idéia de viver uma vida segura e não-gratificante como essa me deixa arrepiada.

Ouse primeiro embarcar no trem para depois perguntar o seu destino! Quando você recebe uma oportunidade, não perca tempo analisando demais para onde ela vai levá-la em todos os momentos da vida e como vai funcionar nos mínimos detalhes. Se souber a direção-geral para onde está indo e que é assim que gostaria de seguir, respire fundo, arregace as mangas e mãos à obra. Talvez o seu caminho seja exatamente como tinha programado, ou melhor ainda. Ou talvez você descubra que ele a está levando para uma direção não pretendida, aí você terá a chance de decidir o que fazer: seguir em frente assim mesmo e explorar algo novo ou voltar para o ponto de partida. De qualquer modo, pode usar o que aprendeu para direcionar a sua vida para um lugar onde realmente queira estar. Não limite a sua vida e negue a si mesma as surpresas maravilhosas e os benefícios inesperados por sempre ter que saber exatamente que impacto uma ação tomada hoje terá na sua vida futura. Se nunca fizer nada sem antes saber qual será o resultado final, correrá o risco de acabar não fazendo nada.

Digamos que você decida aceitar um novo emprego em um mercado que não conhece muito bem e um cargo que não é exatamente o que você queria. Você é uma Mulher Ousada e sabe que a vida é muito curta para esperar a oportunidade perfeita surgir; na maioria das vezes, precisa aceitar uma oportunidade imperfeita, arregaçar as mangas e transformá-la em algo que você realmente gosta e deseja. Então, você aceita o emprego e um ano mais tarde percebe que esse mercado é muito mais intrigante do que havia imaginado de início. Por isso, você se esforça e é promovida, estando em uma posição muito mais interessante e gratificante do que imaginara. Ou, talvez, aconteça exatamente o oposto: você termina odiando o novo mercado e o seu trabalho, mas nesse processo aprende sobre dez outras coisas que prefere fazer. Você começa a procurar um novo emprego, armada de mais autoconhecimento e do entendimento do que gostaria de fazer no futuro. Depois de conseguir o emprego que realmente gosta, poderá aproveitar a experiência aprendida com o emprego ruim. De uma maneira ou de outra, você é uma Mulher Ousada e corajosa, que está vivendo a vida, examinando as possibilidades e usando a sua força para ganhar algo de cada oportunidade e transformar a vida em uma experiência mais interessante, alegre e repleta de momentos únicos que você não abandonaria nem em 1 milhão de anos.

Alex Ramsey é uma Mulher Ousada que nunca deixou a falta de experiência ou a imprevisibilidade de eventos impedi-la de aceitar oportunidades interessantes. Amante da boa culinária, ela decidiu abrir seu próprio restaurante ainda muito jovem e inexperiente, quando estava grávida. Era seu sonho há anos, mas não tinha idéia de como seria difícil. Uma semana depois que o bebê nasceu, ela estava na cozinha, preparando as refeições sozinha enquanto o bebê ficava no berço, porque, de repente, os dois *chefs* pediram demissão. Muitos meses sem dormir direito e vários problemas bancários depois, Alex decidiu vender o restaurante; este trem não estava indo na direção programada. Depois de alguns meses, uma amiga de Alex a procurou com uma proposta inesperada: escrever uma coluna de fofocas para o jornal de sua cidade. Sem muita experiência como escritora e com pouca idéia de como seria o emprego, Alex aceitou. Ela precisava de uma mudança radical no seu ritmo de vida e o emprego parecia ser divertido por algum tempo. Alex trabalhou lá quatro anos e aprendeu uma habilidade inteiramente nova, tendo oportunidade de entrevistar todo mundo, de Liza Minnelli a Bruce Springsteen.

Por fim, depois de muitas ótimas experiências, Alex começou a achar que estava presa e que queria fazer algo mais gratificante de sua vida. Outra amiga tinha acabado de se mudar para perto dela e queria abrir uma empresa para ensinar as pessoas a aplicar técnicas de interpretação teatral para melhorar suas habilidades de comunicação empresarial. Convidou Alex para se juntar a ela nessa empreitada e Alex aceitou de imediato. A empresa cresceu rapidamente, ensinando a Alex não só o que era preciso para abrir seu próprio negócio, mas ambém o poder da forte comunicação interpessoal. Foram essas habilidades que Alex usou 12 anos mais tarde, quando resolveu enveredar pelo ramo da consultoria gerencial em sua própria empresa, que funciona até hoje.

Nem todas as oportunidades que Alex seguiu na vida terminaram como ela imaginava ou da maneira que ela queria. No entanto, cada uma das experiências foi gratificante por si só, repleta de valiosas lições e possibilitou que ela descobrisse que o que realmente queria fazer de sua vida era ter seu próprio negócio, onde pudesse ajudar as pessoas e as empresas a terem mais sucesso e serem mais competentes em suas atividades.

Não há como saber onde você chegará toda vez que aceitar um novo desafio ou abraçar uma nova oportunidade. E este aspecto é absolutamente fantástico sobre viver uma vida de Mulher Ousada! Permite que você se surpreenda, experimente o sucesso e o fracasso, aprenda algo de novo a partir de cada situação que orienta suas escolhas futuras e deixa você mais perto de encher seus dias com atividades de que gosta e coisas que deseja fazer. Desafie-se a aceitar as oportunidades que aparecem em seu caminho e pare de se preocupar com a forma como cada uma se realizará. Tenha confiança em si mesma e acrescente uma boa dose de fé. Você é uma audaciosa Mulher Ousada e encontrará uma maneira de aproveitar todas as oportunidades possíveis para tornar sua vida mais recompensadora e empolgante.

> **MOTIVOS DA MULHER OUSADA PARA PEGAR O TREM**
>
> - Parece interessante.
> - Está indo na direção-geral que você gostaria de ir.
> - Você nunca pegou esse trem.
> - Está cheio de pessoas interessantes e dinâmicas que você gostaria de conhecer.
> - Pode ser o seu último trem.
> - Você não pode ficar parada no mesmo lugar, então por que não tentar?
> - Por que não pegar o trem?

ACEITE O DESAFIO

Anote algumas oportunidades que estão diante de você e ouse arregaçar as mangas e começar, mesmo se não for exatamente o que deseja ou se você não souber como vai funcionar.

_____
_____
_____
_____
_____
_____

Ouse viver o momento, sem contá-lo

OUSADIÔMETRO

Ousado Ultra-Ousado Ultra-Ousado e Audacioso

Não escolhemos como vamos morrer. Ou quando.
Só podemos escolher como vamos viver. Agora.

JOAN BAEZ, CANTORA COUNTRY NORTE-AMERICANA

Acho que saber contar nem sempre é bom. Às vezes, pode nos deixar malucas. Pense no número de artigos que lê todos os dias sobre como você deve se vestir aos 20, o que deve comer aos 30, onde deve estar profissionalmente e qual deve ser sua conta bancária aos 40. Sou a favor de bons conselhos, mas conselhos assim podem nos levar a uma obsessão desnecessária e limitadora com nossa idade e onde deveríamos estar em cada momento de nossas vidas.

Quem se importa com quantos anos você tem quando alcança o ápice profissional? Ou se você se recusar a mudar sua forma de vestir simplesmente porque está ficando mais velha? O fato de que a maioria das mulheres da sua idade – ou quase todas as suas amigas ou as amigas de suas amigas – fazem as coisas de determinada maneira não significa nem por um segundo que você necessariamente também tem que ser assim. Os anos de escola já ficaram para trás; a pressão de fazer parte do grupo também deve ser abandonada. Esta é a sua vida e é você quem decide o que fazer com ela e com que idade gostaria de fazê-lo.

Ouse viver o momento, sem contá-lo! A cada dia que passa surge uma oportunidade para fazer algo novo, empolgante, agradável, significativo ou gratificante – para realmente viver da maneira que deseja. Nós não vivemos em um mundo perfeito e precisamos encontrar uma maneira de realizar nossos sonhos em meio a inúmeros obstáculos e restrições. Ouse não deixar que a sua idade se torne um desses obstáculos. Talvez você queira fazer alguma coisa, mas depois pense "Sou jovem (ou velha) demais para isso." Estatística média nacional? Normas sociais? As opiniões de suas amigas sobre o que as pessoas devem fazer com suas vidas em determinada idade? Nada disso parece essencial ou importante diante do que você deseja fazer em qualquer idade.

Ao preparar este livro, deparei-me com a história de Emily Kimball, que é um exemplo espetacular de como a vida pode ser ótima quando você decide vivê-la da melhor maneira possível, independentemente da idade. Aos 60 anos, Emily fez o que a maioria das pessoas consideraria apropriado para alguém de 30. Ela partiu para escalar a trilha dos Apalaches do estado norte-americano da Georgia até Maine, cobrindo todos os 3.488km de extensão. Tendo que superar todas as adversidades, desde uma fratura por estresse a tempestades de neve e rajadas de raios, Emily superou o que considero ser um obstáculo ainda maior: pensar que era velha demais para tentar essa grande aventura. Ela conseguiu vencer a difícil jornada muito bem por ser flexível (completando partes da subida em um mês a cada ano em vez de fazer tudo de uma vez), concentrando-se em seu amor por atividade física e pela vida ao ar livre, e fazendo muita pesquisa e preparação antes de começar. Ao ouvir a história de Emily, eu sentia o seu entusiasmo e orgulho por ter alcançado a meta de chegar ao topo do Mount Karahdin no final de sua jornada de nove anos. Ela estava literalmente nas alturas! Tenho certeza de que a última coisa que a preocupava enquanto estava lá era a sua idade ou por que foram necessários nove anos da sua vida para realizar esse sonho. (Emily levou muito a sério o mantra de fazer o que quiser na hora que quiser, independentemente da idade ou do grau de dificuldade. Ela agora compartilha esta mensagem com o restante do mundo através de seu site, www.theagingadventure.com, e suas palestras energizantes.)

Se você quiser experimentar coisas novas mas se sente limitada pela idéia de ser velha ou nova demais, tente o seguinte: uma vez na vida faça algo que acha totalmente absurdo para uma pessoa da sua idade. Vá a um show em que o público provavelmente será muito mais jovem do que você, confira a inauguração de uma exposição onde acha que encontrará pessoas mais velhas e sofisticadas, ou entre naquela loja onde você nunca mais foi desde que era muito jovem. Quebre as barreiras de idade percebidas de pequenas maneiras e veja o que acontece. Eu garanto que uma das duas seguintes possibilidades pode ocorrer: ninguém vai se importar com o que você fez ou todos a respeitarão por fazer algo diferente. Eu comecei este capítulo dizendo que você não deve se preocupar com o que as outras pessoas pensam, e continuo sendo da opinião de que este é um dos mantras mais essenciais da Mulher Ousada. Percebo que a opinião das outras pessoas nos influencia, e é fonte de muitos conceitos e noções que formamos sobre nós mesmas e o mundo. Por isso, vá em frente, leve suas concepções para passear testando-as uma de cada vez. Quando perceber que o mundo não vai acabar só porque você não se comportou como alguém da sua idade, use essa realidade para libertar a sua mente de qualquer limitação relacionada com faixa etária. Pense em todas as coisas maravilhosas que você pode estar fazendo em vez de perder tempo se preocupando em ser jovem ou velha demais, siga em frente e aproveite. Eu garanto que muitas gratas surpresas a aguardam!

TRUQUES QUE A MULHER OUSADA UTILIZA PARA ERRAR NAS CONTAS

- Todas as semanas, faça algo que deixou de fazer há dez anos, mas que lhe deixa muito feliz: coma uma banana split, dance a sua música favorita pela casa, corra em meio aos irrigadores nos gramados.
- Organize um dia especial para não agir como alguém da sua idade e aproveite-o com suas amigas Mulheres Ousadas fazendo coisas que nenhuma respeitável senhora da sua idade faria.
- Da próxima vez que perguntarem a sua idade, responda com aquela idade favorita – que já passou, a atual ou a que ainda virá.
- Anote cinco coisas que você não acha que uma mulher da sua idade deve fazer ou faz, e faça-a imediatamente, uma ou duas vezes, se tiver coragem.
- Em vez de comemorar seu aniversário no ano que vem, escolha uma data aleatória e comemore o seu "desaniversário". Cada dia deve ser uma ocasião especial que celebra uma realização ou uma conquista importante para você.

ACEITE O DESAFIO

Escreva três coisas que vai fazer e para as quais, na sua opinião, você é nova ou velha demais. Ouse fazer pelo menos uma dessas coisas na semana que vem.

_____
_____
_____
_____
_____

Ouse dedicar seis semanas por ano para formar um novo hábito
(ou eliminar um que você não suporta)

OUSADIÔMETRO

Ousado · Ultra-Ousado · Ultra-Ousado e Audacioso

Uma pessoa completa é uma pessoa sem graça.
ANNA QUINLEN, ESCRITORA NORTE-AMERICANA

Minha mãe, que é professora de piano, sempre me diz que tenho ótima afinação. Ela já me ouviu cantarolar pela casa e, quando soltei a voz no karaokê da minha festa de formatura, ela ficou impressionada. Mas minha afinação perfeita nem sempre me fez uma ótima ouvinte. Quando minha mente está correndo a quilômetros por hora (o que acontece muitas vezes), eu às vezes interrompo as pessoas ou penso em algo diferente como se já soubesse o que elas querem dizer. Em geral, sou simpática e sensível, por isso, algumas semanas atrás, decidi que deveria ser uma ouvinte mais atenta.

Mais ou menos na mesma época, ouvi um programa de rádio que dizia que em geral são necessárias seis semanas para se formar um hábito. Perfeito – eu iria passar as próximas seis semanas ajustando minha capacidade de ouvir. Decidi que durante esse período eu não iria mais interromper ninguém por qualquer motivo que fosse, e segui isso à risca. Lembro de ficar no balcão da agência de aluguel de carros em uma das minhas viagens a trabalho e ouvir, durante o que parecia ser uma eternidade, todas as opções de seguros possíveis que eu poderia escolher. Eu viajava muito e conhecia tudo aquilo de cor, mas promessa é dívida: eu não poderia interromper o atendente. Mordi minha língua e ouvi, uma técnica que realmente funcionava e evitava que eu interrompesse enquanto a pessoa ainda estava falando. Durante as seis semanas necessárias para formar o hábito de ser uma boa ouvinte, também fiz um esforço consciente para me concentrar no que estava ouvindo e não pensar em mais nada sobre como iria abordar determinado projeto no trabalho. Quando ouvia, eu estava cem por cento presente.

Eu não tinha um método científico para medir meu progresso, mas achei que após seis semanas eu era uma ouvinte mais consciente, alguém com quem as pessoas queriam compartilhar idéias e conhecimento, alguém que as fazia se sentirem bem. Ainda falo muito e gosto de uma boa conversa fiada, mas como sou capaz de ouvir melhor, as pessoas com quem converso também se sentem bem em falar comigo. E sei que isso me torna uma amiga, colega e cliente de aluguel de carros melhor.

Ouse dedicar seis semanas ao ano para formar um novo hábito (ou eliminar um que você não suporta)! Pode ser qualquer hábito – desde beber mais água, ler o jornal todos os dias, ser a primeira a falar nas reuniões, encaixar algum tipo de atividade física em sua agenda todos os dias, ou qualquer outra coisa. Todas podemos desfrutar de mais bons hábitos em nossas vidas. Escolha um e ouse passar as próximas seis semanas tornando sua vida muito melhor.

Ou talvez você tenha algum hábito que realmente não suporta (todo mundo tem um, não é?) e que gostaria de tirar de sua vida. Escolha uma data, prepare-se psicologicamente e passe as próximas seis semanas se livrando dele. Não acho que tenha algo de mágico nessas seis semanas, mas é um bom período de tempo para se dedicar à mudança de um aspecto pequeno, ou talvez não tão pequeno assim, de sua vida. Um período de seis semanas não é tão curto a ponto de não permitir que o hábito se forme e não é tão longo a ponto de ser intimidador demais no começo.

Antes de começar a empreitada de seis semanas, anote alguns passos específicos que precisa tomar todos os dias para reforçar seu novo hábito ou se livrar de um antigo. Quanto mais específica você puder ser, melhor. Dessa maneira, em vez de ter de pensar sobre isso todos os dias, você terá uma lista de tarefas a seguir. Digamos que decida seguir o hábito de fazer ginástica com mais freqüência. Eis algumas dicas de ações que pode incluir na sua lista:

- Deixar minha malha de ginástica no sofá antes de sair para o trabalho.
- Assim que chegar em casa, trocar de roupa e calçar meus tênis já perto da porta.
- Fazer ginástica de segunda à quinta-feira, das 19 às 20h e, aos sábados, de 11h ao meio-dia, independentemente do tempo e do quanto estou ocupada.

- Nesses dias, colocar "Ir à ginástica" na minha lista de tarefas e no meu calendário doméstico/familiar.
- Na ginástica, pedir ajuda para criar uma rotina de exercícios que possa seguir facilmente por conta própria.

Essas são apenas algumas idéias para fazê-la pensar na direção certa – quanto mais específica puder ser, mais eficiente serão suas seis semanas. O hábito que você está tentando formar ou eliminar pode parecer trivial, mas pequenas mudanças na sua vida podem fazer uma grande diferença. Percebi que é mais difícil conquistar o mundo e aproveitar a vida ao máximo se um hábito incômodo está presente ou se sei que deveria estar fazendo algo (como beber mais água) que não estou. Tente e comprove por si mesma!

ALGUNS DOS HÁBITOS FAVORITOS DA MULHER OUSADA

- Expressar suas idéias quando tem algo a dizer e deixar que outras pessoas façam o mesmo.

- Dar a seu corpo uma dose diária de energia: caminhadas, corridas, subir escadas, pular corda, malhação, qualquer coisa que faça o sangue fluir!

- Fazer algo bom para o mundo com a maior freqüência possível: reciclar o lixo, votar de maneira consciente, doar roupas velhas em vez de jogá-las fora.

- Acabar tudo que começar mesmo se ficar entediada, cansada ou aborrecida.

- Não confiar em cigarros, comida, álcool ou café para se sentir melhor. Em vez disso, encarar o problema que a está chateando.

- Fazer alguém sorrir uma vez por dia.

- Ser pontual.

- Lembrar dos aniversários das amigas e surpreendê-las com cartões feitos à mão.

ACEITE O DESAFIO

Escreva três hábitos que gostaria de formar ou eliminar e ouse dedicar seis semanas este ano para torná-los realidade.

_____
_____
_____
_____
_____

Ria
um pouco,
viva muito

Uma Mulher Ousada não o será verdadeiramente se não puder dar boas gargalhadas ou ter quantidades industriais de alegria de vez em quando. E não será fiel à sua condição de Mulher Ousada se não puder recorrer ao senso de humor para sair de situações embaraçosas. A vida nos dá motivos de sobra para nos aborrecermos, ficarmos tristes ou andarmos por aí de baixo astral. Depende de nós encontrar motivos para não nos sentirmos assim tanto quanto for humanamente possível. Então, não hesite – abra um sorriso pela simples razão de que é melhor rir do que não rir. Continue a ler e receba alguma inspiração para passar a maior parte de seus dias encontrando vários motivos para sorrir.

Ouse desfrutar de quantidades industriais de alegria

OUSADIÔMETRO

Ousado   Ultra-Ousado   Ultra-Ousado e Audacioso

A vida parece amar aquele que se entrega a ela.
MAYA ANGELOU, POETA E ROMANCISTA NORTE-AMERICANA

Quando foi a última vez que você se divertiu tanto a ponto de fazer desaparecer todas as preocupações, lamentações e listas de tarefas de sua mente, conseguindo apenas aproveitar o momento? É claro que todos nós fazemos alguma coisa de que gostamos de vez em quando: ler um livro, ver um filme, passar algum tempo com nossos companheiros, filhos ou bichos. Mas, vez ou outra, temos que romper totalmente com a rotina e encontrar maneiras de aproveitar a vida ao máximo. Precisamos de um momento para dizer: "Ah! Eu me sinto tããão bem!".

Percebi como isso é importante há alguns anos. Meu marido e eu ficamos trabalhando loucamente por meses, estávamos mental e fisicamente exaustos e começamos a nos sentir literalmente sem fôlego. De vez em quando, saíamos à noite, comprávamos algo para viagem ou íamos ao cinema, mas parecia que havia décadas que não fazíamos algo de que realmente gostássemos. Então decidimos fazer uma pequena viagem para Nova Orleans, uma cidade que nunca tínhamos visitado, mas sabíamos que era repleta de jazz, comida deliciosa e pessoas alegres. Esbanjamos ao escolher um hotel muito bom, totalmente fora de nosso orçamento, e passamos quatro dias aproveitando toda a diversão que Nova Orleans tinha para oferecer. Estabelecemos uma regra de não falar do trabalho e não conferimos nossos e-mails nem a secretária eletrônica de casa. Nossa viagem durou apenas quatro dias, mas pareceu muito mais e voltamos para casa renovados, cheios de energia e de lembranças de umas férias inesquecíveis.

Ouse desfrutar de quantidades industriais de alegria de vez em quando! Talvez você esteja trabalhando loucamente e precise de uma pausa para recarregar as baterias. Ou talvez se sinta presa a uma rotina sem fim. Se você achar que precisa de uma dose de diversão em sua vida, vá em frente. Apenas tenha certeza de realmente ir até o fim e planeje uma atividade que seja escandalosamente divertida e verdadeiramente empolgante. Vá a um restaurante que você sempre quis ir, mas que normalmente não poderia pagar, planeje uma escapada de fim de semana para uma pousada aconchegante, ou passe o dia em um parque de diversão sem levar os filhos. Se você sentir um frio na barriga e um enorme sorriso abrir-se em seu rosto ao pensar nisso, é sinal de que está no caminho certo para encontrar doses industriais de diversão.

Você talvez ache que não é necessário lembrar de que é preciso se divertir, mas é importante refrescar nossa memória a esse respeito. Nossa vida agitada nos leva a esquecer facilmente que, às vezes, precisamos respirar fundo, deixar o estresse, preocupações e responsabilidades de lado e fazer algo incrivelmente legal. Aposto que você tem ótimas desculpas para não poder se entregar a algumas horas de diversão (ou dias, eu ousaria dizer) imediatamente: está sem dinheiro, muito ocupada em casa com as crianças, ou estressada demais com um projeto do trabalho, ou simplesmente não está a fim. Mas eu desafio você a encontrar uma maneira de ir contra qualquer desculpa e lançar-se em uma necessária empreitada de pura diversão. Com um pouco de criatividade, quantidades industriais de alegria não custam muito. Você pode encontrar alguém da família, um amigo ou vizinho para tomar conta das crianças por um breve intervalo. Seu projeto no trabalho dará as boas-vindas quando você voltar com uma atitude renovada e a mente energizada. Não se sentir disposta para a aventura é exatamente o motivo para você planejar algumas horas de diversão imediatamente!

Então, que tal?

IDÉIAS LOUCAMENTE DIVERTIDAS PARA A MULHER OUSADA

- **Planeje uma caça ao tesouro da Mulher Ousada com suas melhores amigas, amantes da diversão.** Divida o grupo em dois. Escolha alguns lugares próximos e estabeleça uma atividade maluca, original e incrível para cada grupo realizar por lá. Use a imaginação! Que tal dar uma de pizzaiolo na pizzaria local? Apresentar números musicais na rua? Exibir-se pela rua principal fantasiada de drag queen? Cada grupo deve levar uma câmera, para tirarem fotos umas das outras durante as atividades, para provar a ousadia da caça ao tesouro. Depois que todas terminarem, imprima as fotos e passe alguns momentos morrendo de rir, olhando-as e se perguntando qual feito foi mais ousado.
- **Escape por um fim de semana com sua pessoa favorita no mundo.** Vá para uma pousada acima de seu orçamento ou embarque de última hora em uma viagem para um lugar quente (se estiver frio) ou para um lugar frio (se estiver calor). Procure na internet por pousadas para reservas de última hora, então, esbanje um pouquinho e tenha um fim de semana inesquecível.
- **Passe um dia inteiro só fazendo coisas que você sempre desejou fazer, mas que nunca teve chance de tentar.** Talvez você tenha sempre querido bancar a turista em sua cidade. Ou esteja de olho em um rinque de patinação no gelo, mas não encontrou tempo para praticar seus rodopios. Ou talvez sonhe em passar um dia inteiro completamente desconectada do mundo – sem telefone, sem tevê, sem computador. Só você e o que quer que anime sua alma. Esse é o dia!
- **Teste os limites de sua resistência física.** Encha um dia ou um fim de semana com suas atividades preferidas ao ar livre; lembre-se de incluir ao menos uma que você nunca tenha praticado. Pedale por quatro horas, faça uma escalada ou pratique rafting em uma corredeira, aprenda snowboard ou esqui, ou explore uma trilha na floresta. Deixe seu cérebro esfriar do massacre diário e dê aos seus músculos a oportunidade de conquistar algo novo.

ACEITE O DESAFIO

Escreva algumas coisas que você gostaria de fazer em seus momentos de diversão total e ouse realizar ao menos uma delas no mês que vem.

_____
_____
_____
_____
_____
_____

Ouse rir de si mesma

OUSADIÔMETRO

Ousado Ultra-Ousado Ultra-Ousado e Audacioso

A única coisa importante que aprendi na vida em todos esses anos é a diferença entre levar seu trabalho a sério e se levar a sério. A primeira é fundamental e a segunda, desastrosa.
MARGOT FONTEYN, BAILARINA INGLESA

Não gosto de ficar alardeando isso, mas já riram *muito* de mim na vida. Boa parte dessa gozação vinha de meus caros colegas de escola que adoravam zombar do meu sotaque esquisito, das minhas roupas diferentes e do meu comportamento estranho, assim que cheguei da Rússia. Desde aquela época, aprendi com meus amigos americanos que não é preciso pronunciar errado as palavras ou comer cachorro-quente em pão de fôrma (como é que eu ia saber?) para rirem de você, mas certamente isso ajuda muito.

Ser ridicularizada não é nem um pouco divertido. Eu me sentia péssima e incrivelmente insegura. Não sou nada tímida ou quieta, mas falava pouco durante meus primeiros anos nos Estados Unidos, após emigrar, porque tinha medo de dizer alguma coisa errada e de todo mundo rir de mim. Lembro quando me pediram para ler em voz alta uma passagem na aula de história; tentei controlar meus nervos e aparentemente consegui ir até o fim sem grandes sobressaltos. No entanto, ao ler a última palavra, a sala desabou em uma risada coletiva quando minha professora gentilmente fez um comentário sobre minha pronúncia.

O que piorava as coisas era que havia outra imigrante na minha turma, uma menina, cujo inglês era pior do que o meu, e que trazia um lanche realmente esquisito, mas que de algum modo conseguia evitar ser motivo de zombaria da classe. Não conseguia entender como a menina fazia aquilo e eu morria de inveja dela até que lanchamos juntas um dia. Depois de alguns minutos ao lado dela, descobri o seu segredo: em vez de deixar que os outros alunos rissem dela, ela ria de si mesma primeiro! Quando dizia algo errado, ela percebia o erro e pronto, caía na gargalhada. "Uau, isso foi esquisito", dizia ela com um sorriso e, para minha surpresa, em vez de rirem dela, nossos colegas simplesmente davam de ombros e diziam: "Ah, quem se importa? Não ligue pra isso."

Fiquei impressionada. Embora eu tenha demorado para reunir a coragem para fazê-lo, decidi que me tornaria especialista em rir de mim mesma. Seria a primeira a perceber quando tivesse pronunciado errado alguma palavra em inglês, ou quando minha mãe preparasse alguma coisa esquisita para o lanche e faria sempre tudo sorrindo. E, quando não tinha a menor idéia de quem era uma personalidade famosa da tevê, eu seria a primeira a rir da minha própria ignorância. Não foi nada fácil seguir essa prática. Se funcionou? Bem, nem sempre, mas ao aprender a rir de mim mesma, parei de ficar com medo de cometer um erro bobo ou de parecer estúpida e simplesmente pensei sobre todos esses acontecimentos como incidentes, nada que não pudesse ser superado com boas risadas. Como eu estava mais tranqüila comigo mesma, meus colegas se sentiam mais à vontade ao meu lado e, quando ouvia eles rindo sobre algo que eu dizia ou fazia, me juntava a eles e me sentia bem melhor. Não podia acreditar, mas cheguei a achar bem legal fazer todo mundo rir.

Embora hoje eu fale inglês sem sotaque e tenha um bom conhecimento dos ícones da cultura pop norte-americana, tento nunca perder uma oportunidade de rir de mim mesma. Seja rindo de um de meus estranhos hábitos ou de uma situação bizarra que acabei de criar, estabeleço um elo com as pessoas ao meu redor e me abro para elas mostrando que sou humana, que faço besteira e, assim como elas, também acho essas coisas muito engraçadas. Na verdade, ser capaz de rir dos erros gera mais respeito alheio do que sempre ser correta e distante.

Ouse rir de si mesma! Pode não parecer natural, mas da próxima vez que cometer um erro bobo ou se atrapalhar toda, tente ser a primeira a rir da besteira. Comece devagar: faça isso primeiro em um local seguro, em meio a pessoas em quem confia e com quem se sente confortável. Depois tente fazer isso fora de sua zona de conforto, digamos, no trabalho, em um encontro ou em uma festa. Não é preciso soltar uma gargalhada estrondosa, mas seja sincera. Com o tempo, pode descobrir que rir de si mesma é algo natural e que você gosta de fazer. Pode fazê-la se sentir bem menos tensa, o que é incrivelmente libertador.

Ser capaz de rir de situações tolas, embaraçosas e esquisitas talvez não pareça ser uma grande realização, mas faz muita diferença. Tem o poder de tornar você mais confiante, mais aberta a novas situações e oportunidades e mais disposta a assumir riscos. Se você souber que cometer um erro diante de dezenas de pessoas não é o fim do mundo e, melhor ainda, se puder rir disso, sempre terá a confiança de que pode ser você mesma e de que terá coragem para fazer o que quiser. Aliás, se essa não for a essência da Mulher Ousada, então, não sei o que é!

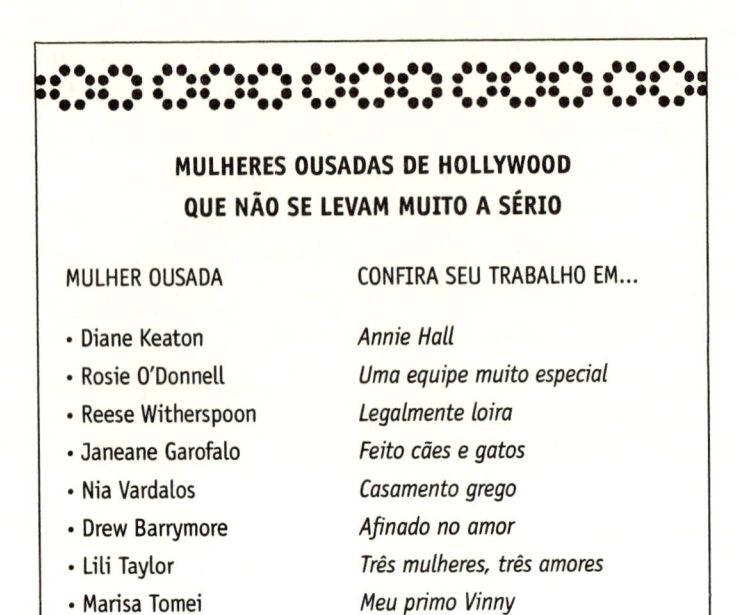

MULHERES OUSADAS DE HOLLYWOOD QUE NÃO SE LEVAM MUITO A SÉRIO

MULHER OUSADA	CONFIRA SEU TRABALHO EM...
• Diane Keaton	Annie Hall
• Rosie O'Donnell	Uma equipe muito especial
• Reese Witherspoon	Legalmente loira
• Janeane Garofalo	Feito cães e gatos
• Nia Vardalos	Casamento grego
• Drew Barrymore	Afinado no amor
• Lili Taylor	Três mulheres, três amores
• Marisa Tomei	Meu primo Vinny
• Joan Cusack	Nove meses

ACEITE O DESAFIO

Anote algumas qualidades divertidas que você possui ou experiências embaraçosas na sua vida que agora a fazem rir – ou pelo menos das quais você gostaria de rir. Ouse ser a primeira a rir de si mesma assim que tiver oportunidade.

_____
_____
_____
_____
_____
_____

Ouse colorir fora das linhas

OUSADIÔMETRO

Ousado Ultra-Ousado Ultra-Ousado e Audacioso

Se você obedecer todas as regras, vai perder toda a diversão.
KATHARINE HEPBURN, ATRIZ NORTE-AMERICANA

Nem tudo que aprendemos no jardim-de-infância é bom para nós. Compartilhar brinquedos e biscoitos, não empurrar o amigo, dizer obrigado, claro, tudo isso é importante na vida. Mas não colorir fora das linhas, combinar a cor das meias e formar fila para entrar na sala de aula são atitudes que aprendemos muito bem. Olhe à sua volta: será que as coisas não estão perfeitas demais, excessivamente organizadas, repletas de muitas linhas e combinações corretas? Andamos em linha reta no trânsito, formamos filas organizadas nas lojas, usamos camisetas que combinam com as calças, digitamos textos e e-mails em programas com corretor ortográfico, cozinhamos usando receitas e seguimos umas tantas outras regras e convenções sem questionar.

Será que a vida não seria muito mais divertida se de vez em quando nos esquecêssemos de nossa educação primária? Não, não estou sugerindo que de hoje em diante devemos dirigir do lado errado da estrada ou transformar as filas dos supermercados em grandes confusões, mas e se não nos importássemos tanto em combinar nossas meias e calças ou em usar roupas apropriadas para a nossa idade? E se bebermos suco em copos de vinho e vinho em copos de suco? Será que nossas vidas teriam mais cor e alegria? Eu respondo com um retumbante SIM!

Ouse colorir fora das linhas! Quer você seja uma mulher super organizada e séria ou alguém que de vez em quando solta o cabelo e dança loucamente pela casa com o som ligado no volume máximo, todas nós podemos nos dar ao luxo de perguntar "Quem se importa com as regras?" em certos momentos de nossas vidas. As rotinas que seguimos todos os dias são necessárias para sobreviver nesse mundo tumultuado e complicado, mas podem nos fazer sentir enrijecidas, limitadas e sem graça. A ótima notícia é que podemos e com toda a certeza devemos tirar folgas freqüentes dessa vida adulta e séria. Não considero que isso seja uma opção: se quiser manter a sanidade e viver uma vida plena e divertida, você simplesmente *precisa* fazer isso.

Tenho uma amiga que, provavelmente sem saber, sempre me lembra que devo tirar férias da vida adulta e séria. Toda vez que nos encontramos depois do trabalho (o que, por causa do nosso ritmo frenético, ocorre com menos freqüência do que eu gostaria), seu cabelo está de uma cor diferente e penteado de uma maneira descolada e divertida que não ouso fazer com meu próprio cabelo. Embora ela tenha um cargo sério, está sempre vestindo algo inusitado e surpreendente, algo que certamente eu não encontraria em lojas cujos nomes eu consiga pronunciar. Ela está sempre me contando sobre as receitas que inventou, e sempre quer saber sobre as minhas novidades na cozinha. É sempre revigorante encontrar com ela. Ela é a Mulher Ousada para quem colorir fora das linhas é algo totalmente natural.

Escapar de sua seriedade adulta, agindo um pouco ou muito fora da norma de vez em quando não é difícil, mas surte efeitos maravilhosos. Ajuda você a se sentir mais livre e sem restrições na vida. Faz com que você se lembre que seguir as regras é apenas uma das maneiras de viver e que a estimula a explorar outras perspectivas. Acima de tudo, ter a liberdade de esquecer sua vida de adulto ajuda você a se sentir mais viva. Experimente e veja como pode ser maravilhoso!

IDÉIAS DA MULHER OUSADA PARA COLORIR FORA DAS LINHAS

Todas nós precisamos de inspiração para sermos um pouco menos adultas em nossas vidas, por isso aqui estão algumas idéias para fazer com que você perca a seriedade aos poucos:

- Durante uma semana, use algo todos os dias que não combine com o resto de sua roupa – uma echarpe engraçada, meias coloridas, uma bolsa espalhafatosa ou uma camiseta que faça aquela chata do escritório que sempre comenta sobre as roupas das pessoas dizer, "Onde é que você arrumou isso?"
- Crie um dia para refeições invertidas: tome o café-da-manhã no jantar, jante de manhã e coma sua sobremesa favorita no almoço.
- Rearrume sua coleção de CDs organizada em ordem alfabética e guarde-os conforme seu humor.
- Pinte uma ou várias paredes da sua casa em cores vibrantes e ousadas que não combinam muito bem com a personalidade da sua casa.
- Nos próximos encontros com as amigas, esqueça a porcelana chinesa, mesas tradicionais ou comida de adulto. Em vez disso, prepare um piquenique no chão e sirva coisas divertidas que sejam fáceis de comer sem que seja necessário utilizar talheres.

ACEITE O DESAFIO

Anote três coisas que você vai fazer esta semana para tirar uma folga de sua vida séria de adulto e ouse se divertir com elas.

_____
_____
_____
_____
_____

Ouse simplesmente ficar de bom humor

OUSADIÔMETRO

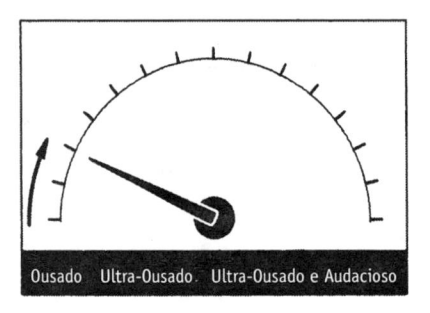

Ousado   Ultra-Ousado   Ultra-Ousado e Audacioso

Aquele que ri, resiste.
MARY PETTIBONE POOLE, ESCRITORA

Se você passou pelos anos 1980, provavelmente se lembra do filme *Digam o que quiserem*, com John Cusack e Ione Skye (ou talvez você se lembre deles como Lloyd Dobler e Diane Court). Eu só fui ver esse filme há poucos anos, quando meu marido decidiu que minha vida jamais seria plenamente realizada se eu não assistisse a todos os grandes filmes norte-americanos que perdi enquanto crescia em outro país. *Digam o que quiserem* era um dos vários títulos de sua lista. Trata-se de uma comédia leve e original, que não teria me impressionado a não ser por uma cena. Nela, Lloyd Dobler está conversando com sua irmã (que, por acaso, é Joan Cusack, sua irmã na vida real). Ela é mal-humorada e visivelmente infeliz, em boa parte devido ao fato de que seu namorado, ou marido (não sabemos bem), recentemente a deixou com o filho pequeno. Lloyd, que é um eterno otimista e alguém que encara a vida de uma maneira muito leve, pergunta: "por que você simplesmente não fica de bom humor de vez em quando?".

Poucas semanas depois de termos visto o filme, eu estava em um daqueles dias em que nos sentimos tristes sem saber o motivo. Sabe aquelas ocasiões em que nada lhe dá vontade de rir, quando você se aborrece com coisas que normalmente não a incomodam, quando tem vontade de ficar na cama o dia todo, com as cortinas fechadas? A única emoção moderadamente positiva que pude sentir veio por saber que aquele dia estava chegando ao fim. Enquanto caminhava de volta para casa, vindo do trabalho, a fala do filme pulou em minha mente e me fez pensar: "por que eu simplesmente não fico de bom humor? Não havia nada específico que eu pudesse culpar pelo meu mau humor e infelicidade, então por que eu estava me sentindo daquele jeito?

Não sou uma pessoa especialmente despreocupada, mas em geral estar de bom humor é muito melhor do que ficar emburrada, e me ajuda a viver de forma mais plena, empolgante e completa. (E certamente me torno uma companhia bem melhor – pergunte ao meu marido!) Então decidi tentar. Ficar de bom humor (certo, pode ser um humor aceitável para começar) sem nenhum motivo ou ocasião específicos. Afinal, eu estava caminhando por uma de minhas cidades favoritas em todo esse vasto mundo, estava com boa saúde, assim como a maior parte da minha família, tinha um emprego que não odiava e um marido a quem amava e, na maior parte do tempo, estava conseguindo ter disponibilidade suficiente para perseguir minha paixão por escrever. Não era pouca coisa, certamente era o suficiente para que eu me sentisse melhor do que apenas mais ou menos, mesmo em meus dias mais tristes. Não posso dizer que, de repente, me senti no topo do mundo, mas pensar nessas características maravilhosas de minha vida, que normalmente eu considerava como coisas normais, começou a fazer com que eu me sentisse menos irritada.

Ouse simplesmente ficar de bom humor! Não é preciso andar por aí o dia inteiro com um enorme sorriso. Cada um de nós tem uma personalidade diferente, e alguns podem achar mais fácil do que outros caminhar pela vida com uma atitude positiva. Mas você tem que concordar que nos sentirmos empolgadas é muito melhor do que nos sentirmos para baixo. Quando nos sentimos bem, nos enchemos de esperança e certeza; transmitimos vibrações positivas que facilitam muito obter coisas boas da vida, tanto quanto é humanamente possível.

A melhor coisa de se ficar de bom humor é que não é preciso uma razão especial para se sentir animada e positiva. Com certeza, receber um inesperado buquê de flores, realizar um projeto difícil no trabalho, receber um grande abraço de seu namorado/marido/filho, ou assistir a uma ótima comédia no cinema são coisas que podem ajudar. Mas, pense nisso: estar viva, respirando, vendo, sentindo e andando por aí não são razões bem poderosas para nos deixar de bom humor? Sem dúvida, no entanto, aposto que muitas vezes consideramos essas coisas como normais. Quebre o hábito e não as considere como certezas da vida! Sorria porque você tem boa saúde, sinta-se feliz porque acordou de manhã e fique de bom humor porque a vida fica melhor assim. Se você se sente triste em alguns dias, então, com toda a certeza, terá dias em que se sentirá como o mais brilhante raio de sol. E se precisar de um pequeno empurrão para chegar lá, vá em frente! Reconheça a sua força de Mulher Ousada para controlar o humor e use-a para se sentir o mais positiva e otimista possível. Seja esta pessoa que se destaca da multidão na hora do *rush*, dos rostos entristecidos, com um sorriso, um brilho nos olhos ou um salto um pouquinho mais alto. Faça com que as pessoas fiquem pensando sobre o que a deixa tão feliz e revele que está se sentindo bem apenas por viver a vida, sem nenhum motivo aparente. Tente e veja como você se sentirá ótima!

A vida é curta demais para que a desperdicemos nos sentindo mal e infelizes em relação a nós mesmas. E, infelizmente, está cheia de eventos terríveis com todo o direito do mundo para nos deixar tristes de verdade. Temos que valorizar os dias em que as coisas dão certo e aproveitá-los ao máximo, ficando de bom humor e usando isso como combustível para viver com mais energia e vitalidade para cada novo passo.

INSPIRAÇÕES DE BOM HUMOR PARA A MULHER OUSADA

- Você acordou de manhã.

- Quando você quer respirar fundo, há sempre ar suficiente ao seu redor.

- Tudo muda: se você está odiando o clima hoje, ou teve um dia ruim no trabalho, amanhã tudo poderá ser diferente.

- Você é amada e ama alguém.

- Estar de bom humor é melhor do que nos sentirmos irritadas.

- Você é uma mulher livre e pode fazer o que quiser de sua vida (mesmo que não possa fazer imediatamente ou que não saiba ao certo o que quer).

ACEITE O DESAFIO

Anote alguns pensamentos ou revelações que fazem com que você se sinta bem diante da vida. Ouse lembrar deles quando estiver se sentindo triste e use-os para adotar um estado de espírito melhor e mais positivo.

_____
_____
_____
_____
_____
_____

Ouse compartilhar suas vibrações especiais com o mundo

OUSADIÔMETRO

Ousado   Ultra-Ousado   Ultra-Ousado e Audacioso

Ousemos ser nós mesmas,
pois fazemos isso melhor do que ninguém.
SHIRLEY BRIGGS, PINTORA NORTE-AMERICANA DE VIDA SELVAGEM

Existem algumas pessoas no mundo que parecem simplesmente irradiar energia positiva. Quando estamos perto delas, sua energia faz com que nos sintamos ótimas, mesmo que estejamos no pior dia possível. É quase viciante estar com pessoas assim, mas é um vício dos mais belos, e, com certeza, todo mundo gostaria de experimentar isso.

Recentemente, conheci uma mulher cuja energia positiva imediatamente me atraiu para o outro lado da sala – literalmente. Desde a nossa primeira conversa, soube que era alguém que eu adoraria ter em minha vida. Isso pode não parecer tão estranho, a não ser pelo fato de nossa conversa ter sido sobre a indústria de serviços financeiros (na qual nós duas trabalhamos), com toda certeza um assunto que não me provoca sorrisos normalmente. Mas, essa incrível energia sempre é irradiada por ela, independentemente do assunto sobre o qual estejamos conversando. Ela se concentra no lado positivo até mesmo das situações mais duras, e seu otimismo e vontade de não se deixar abater faz com que eu me lembre de olhar para minha própria vida através das lentes mais positivas que consigo encontrar. Após passar algum tempo com ela, começo a andar com mais leveza, meu coração bate um pouco mais rápido e sinto uma grande vontade de fazer algo engraçado, criativo e ousado, e depressa. Ela me enche com uma descarga de energia, e é o tipo de energia que nunca me canso de receber.

Ouse compartilhar suas vibrações especiais com o mundo! Todas nós temos maneiras próprias de fazer com que as pessoas ao nosso redor se sintam melhores, mais energizadas, esperançosas, criativas, poderosas e confiantes. Você talvez seja a versão Mulher Ousada daquele infame coelhinho do anúncio de pilhas, sempre a 1.000km por hora e fazendo mais coisas em um só dia do que a maioria de nós em uma semana. Perceba como isso é diferente e como a sua energia pode ajudar outras pessoas que não tenham a mesma motivação e ímpeto. Você talvez seja superconfiante e tenha uma força especial contra a intimidação e a insegurança. Ou talvez você seja alguém com um senso de humor especial e sempre presente, que provoca risos espontâneos e inesperados. Seja qual for seu tempero especial, perceba que ele é incrível e não tenha vergonha de compartilhar isso com as pessoas ao seu redor. Deixe que sua energia inesgotável se espalhe, pratique sua estratégia antiintimidação em público, ou faça piadas e aja de maneira boba até que as pessoas achem tanta graça a ponto de sentir dor de barriga. Você nunca sabe exatamente como suas vibrações especiais afetarão as pessoas ao seu redor, mas pode ter certeza de que elas fazem diferença na vida de alguém.

Sei que você não ousaria fazer isso, mas vejo perfeitamente alguém sugerir que talvez você não tenha o molho especial que o restante do mundo quer saborear. Se você começar a pensar assim, pare imediatamente. Não há duas pessoas no mundo totalmente iguais e você tem mais qualidades maravilhosas do que imagina. Talvez se sinta estranha em se exibir, mas não deveria. Alguém no mundo precisa do seu humor para tornar seu dia menos pior ou da sua certeza para inspirar a própria confiança, ou da sua energia para continuar trabalhando em uma tarefa que parece interminável. Você talvez não saiba que inspirou alguém ou transmitiu confiança ou paz de espírito a alguém, mas se você for autêntica e se sentir livre para espalhar suas próprias vibrações especiais ao seu redor, mais pessoas se beneficiarão disso do que você supõe.

Ser você mesma é apenas o início, mas você pode expandir a essência da Mulher Ousada: faça com que as suas vibrações se espalhem para outras pessoas além das que você encontra todos os dias e de formas mais poderosas. Se o humor é o seu segredo, crie um site e use-o para divulgar sua maneira especial de ver a vida; ponha um sorriso em milhares de rostos, em vez de dezenas que têm a sorte de conviver com você todos os dias. Ou escreva um artigo para uma revista/uma coluna/um livro cheio de conselhos úteis, repleto de sua energia e esforce-se para divulgá-lo pelo mundo. Se você tem uma causa especial que lhe interessa, comece uma organização para promovê-la ou junte-se a grupos existentes para contribuir com sua paixão e energia. Existem inúmeras maneiras de fazer com que seus atributos especiais ajudem outras pessoas; use o seu poder de Mulher Ousada para encontrar aquela que funciona melhor para você. O segredo é reconhecer suas próprias qualidades especiais, ter confiança nelas e nunca desistir de compartilhá-las com as outras pessoas. O mundo é um lugar melhor porque você existe e é assim porque só existe uma pessoa como você. Aproveite isso, mas não seja egoísta e deixe que outras pessoas também possam desfrutar das suas qualidades especiais!

VIBRAÇÕES DA MULHER OUSADA PARA COMPARTILHAR COM O MUNDO

- Energia infinita e a capacidade de encontrar uma maneira de seguir em frente quando parece não haver saída.

- Experiência de vida que ajuda as pessoas a encontrarem seu próprio caminho.

- Um ombro amigo e a capacidade de ajudar as pessoas a entenderem seus problemas e a encontrarem formas de resolvê-los.

- Uma mente aguçada capaz de ajudar as pessoas a transformar uma idéia ou desejo em um plano de ação.

- Um ótimo senso de humor que faz até mesmo a pessoa mais séria dar boas risadas.

- Uma perspectiva positiva perante a vida.

- Paixão por uma causa que desperte nos outros energia e o desejo de agir.

- Generosidade e bondade genuínas.

ACEITE O DESAFIO

Anote algumas de suas qualidades especiais e ouse compartilhá-las livremente com o mundo de forma direta e positiva.

_____
_____
_____
_____
_____
_____

Epílogo
(ou Pratique o que você prega)

Quando comecei a escrever este livro, estava vivendo meus dias em pura adrenalina, correndo para meu emprego pela manhã, chegando à noite em casa para trabalhar em nossa editora e depois no livro, fazendo as refeições com meu marido nos pequenos intervalos, com talvez meia hora de tevê para limpar minha mente para a próxima tarefa. Foi um período cansativo e ao mesmo tempo esfuziante, e muitas vezes eu me pegava pensando que a vida não poderia ser mais cansativa e esfuziante do que já era.

Mas a vida tem uma ótima maneira de nos humilhar quando achamos que já conseguimos dominá-la. Eu agora sei bem disso, porque ao revisar a primeira versão deste livro, eu trabalhava na penumbra embalando minha filhinha de 1 mês de idade para dormir no seu bercinho. É isso mesmo, tivemos um bebê, um lindo, surpreendente e incrível bebezinho (não são todos assim?) que chegou em nossas vidas e nos ensinou *realmente* como é ficar exausto e esfuziante ao mesmo tempo. Uau, como a vida mudou de um dia para outro! De repente, eu passava cada minuto do meu dia pensando sobre amamentar, a hora da sonequinha, a hora de dormir, amamentar, trocar a fralda, amamentar mais um pouquinho, e sobre a minha falta de sono. Bolar novas idéias de negócios ou trabalhar em projetos criativos não poderia estar mais longe da minha realidade.

Depois de três dos mais difíceis meses da minha vida, respiramos fundo pela primeira vez – com muito cuidado e hesitação –, pois percebemos que as coisas estavam ficando um pouco mais fáceis, e nós e a nossa filha estávamos aprendendo a passar o dia sem maiores acessos (nem dela nem nosso). Foi aí que fiz algo que não fazia há meses e saí para caminhar – sozinha, com o celular na mão, caso meu marido tivesse algum problema com o bebê. Foi estranho ficar sozinha por conta própria depois de estar grudada durante tanto tempo em minha filha, passando todos os minutos do meu dia ao lado dela. Durante a caminhada, eu imaginava se continuaria encarando a vida da mesma maneira ousada depois de ser mãe, responsabilidade que vem acompanhada de falta de tempo e exaustão. Será que eu assumiria tantos riscos? Será que eu seria tão incansável em correr atrás do que eu queria na vida? Será que ainda perseguiria as minhas paixões?

Ainda estou aprendendo a ser mãe, mas posso dizer que isso não mudou a minha visão de Mulher Ousada. Certamente, tudo que faço e todas as decisões que tomo hoje são diferentes, porque agora tenho um bebê na minha vida. Mas continuo sonhando, desejando, mudando, assumindo riscos e ousando viver uma vida plena, enriquecedora e divertida. Nada vai mudar isso. Espero que por mais agitada, ocupada e cheia de responsabilidade que seja a sua vida, isso não a impeça de descobrir a Mulher Ousada que existe em você e de usar cada grama do seu poder para aproveitar todos os dias da sua vida ao máximo.

Vamos lá, eu desafio você a conseguir isso!

Círculos ousados

Às vezes não há nada como ter uma amiga ou alguém confiável para ajudar a encontrar a Mulher Ousada que existe em você. Por isso, aí vai uma idéia: reúna suas amigas e crie seu próprio Círculo Ousado. Defina um lugar e um horário, descole lanches e bebidas divertidas, e sentem-se em um círculo – ou o mais perto disso possível. Vire-se para a pessoa da sua direita e desafie-a a fazer algo que você acha que tornará a vida dela mais divertida, agradável ou gratificante: parar de fumar, começar a procurar um emprego mais interessante, começar a escrever aquele livro do qual ela sempre está falando, terminar um relacionamento sem futuro, começar a conversar com um sujeito em quem ela está de olho, fazer aulas de ioga – o que quer que você imagine que possa tornar a vida dela mais feliz e ajudá-la a encontrar a verdadeira Mulher Ousada dentro dela. Combine de se encontrar com o Círculo Ousado uma vez por semana ou a cada quinzena e converse sobre como cada uma de vocês está avançando. O apoio e o entusiasmo de suas colegas Mulheres Ousadas, e principalmente suas ótimas sugestões, poderão fazer maravilhas para ajudar você a transformar a sua vida.

Lembre-se: compartilhar é bom e outras Mulheres Ousadas podem encontrar uma fonte de inspiração para criarem seus próprios círculos.

Qual é o seu desafio?

Visite **www.DaringFemale.com** e me conte a sua história! Você tem coragem de finalmente entrar para a dança de salão? Ou começou a escrever o livro que sempre quis? Dominou o medo de falar em público treinando em um clube de comediantes? O que quer que seja, quero ouvi-la! Diga por que quer alcançar esse objetivo, o que ele significa para você e o que você está fazendo para conquistá-lo.

Este livro foi composto na tipologia Adobe Jenson Pro,
em corpo 11.5/15.3, e impresso em papel offwhite 80g/m²
no Sistema Cameron da Divisão Gráfica da Distribuidora Record.